民主主義を学習する

教育・生涯学習・シティズンシップ

LEARNING DEMOCRACY IN SCHOOL AND SOCIETY
Education, Lifelong Learning, and the Politics of Citizenship by Gert J. J. Biesta

ガート・ビースタ
上野正道・藤井佳世・中村(新井)清二 [訳]

勁草書房

日本語版への序文

わたしは、本書の日本語版に短い序文を執筆することを大変うれしく思っている。自分の著書が翻訳されるということは、非常に名誉なことである。というのも、それは訳者が翻訳するのに値するほど十分興味深いと考えているという理由からだけでなく、翻訳によって、より広い読者に考えが伝わるという理由からでもある。翻訳の仕事というのは、容易ではない。それは、一つの言語を他の言語の用語に置き換える作業ではなく、一つの言語で形成され表現された考え方を再創出することをともなうものである。翻訳というのは、解釈の行為であるとともに、創造の行為であり、考えを創出し、異なる方法で言い表す行為でもある。したがって、わたしに日本語で声を発する機会を提供してくれたことに対し、上野正道、藤井佳世、中村（新井）清二の三氏に深く感謝する次第である。

言語の違いにかかわらず、翻訳に際しての基本的な挑戦というのはつねに、またどこにでもあるものだが、西洋の文脈で形成された考えが非西洋的な文脈と言語に翻訳されるときには、――わたしは、「西洋」と「非西洋」という言葉を使うことが、問われているさまざまな違いについて、ある意味であまりにぞんざいでステレオタイプ的な分け方をするもので、若干のとまどいも感じている――いっそう大きな挑戦をともなうことだろうと思う。にもかかわらず、違いの問題というのは、とくに本書の主題とのかかわりから見ても重要である。というのも、民主主義の考え方――さらには、民主的なシティズンシップの考え方――は、重要な次元で「西洋的な」歴史をもっているからである。民主主義の発祥は、アテネの都市国家にある。民主主義の考え方は、アテネを起点としながらも、そこから大きなステップを踏み出すかたちで、一八世紀後半のヨーロッパとアメリカの反乱と革命において、また一九世紀と二〇世紀の世界中の多くの国の民主主義の発展において、さらには「アラブの春」として知られる革命を含む二一世紀初頭の世界において、再び立ち現れることになった。

こうした歴史上の出来事の多くは民主主義の考えに対する共通した志向をもっているけれども、民主主義がそれぞれの国で構築される仕方には重要な違いも存在している。また、民主主義の概念、理論、哲学にも大きな違いがある。本書にとって、後者は重要な問題である。なぜなら、本書が採用するアプローチは、アメリカで議論されている民主主義の考え方よりも、ヨーロッパの理論と理論化の形態から示唆を与えられているからである。このことが理論と理論化の部分的な違いであるかどうかにかかわらず、本書は、アメリカの民主主義の経験とは異なる、ヨーロッパの民主主義の経験――二〇世紀に二つの世界大戦を経験した場所から――についても語ることになるだろう。わたしは、本書がヨーロッパに固有の声だと主張するつもりはないが、——また、なにを「ヨーロッパ固有のもの」とするのかを突きとめるのともまったく異なるけれども——アメリカの文脈から生まれた研究と比べて、民主主義への関与とその教育との結びつきにおいて、やや異なる方法を提供することになると考えている。

本書は、民主主義、シティズンシップ、教育の結びつきについて、さまざまな「領域」とのつながりから発展した一つの「メッセージ」をもっている。それは、わたしたちが民主主義を、固定され、すでに定義づけられたものと考えるのか、あるいはそれを定義的に開かれていて、さらなる再創造と再定義を必要とするものと考えるのか、という問題に関係している。もしわたしたちが民主主義とはなんであり、民主主義者が意味するものはなんであるかを容易に定義することができるとすれば、教育の仕事というのはある意味で簡単である。というのも、わたしたちは、次の世代を、すでに前もって決められた民主的なアイデンティティへと社会化するだけでよいからである。民主主義と教育の関係について考える際、結局のところ、民主主義というのは歴史の結果であり、その歴史を知り、歴史に結びつけることが重要であるという見解にいくらかの意味があると思う一方で、わたしは、民主主義を容易に突きとめることができるという考え方それ自体に疑問を抱いている。むしろ、わたしたちが、民主主義というものを、すでに到来し、もはやそれ以上になすべきことがないと仮定して満足してしまうことがないようにするために、民主主義がもつ目下進行中の実験的な性質を強調し、民主主義とはなんであり、どのようなものであるべきかを問うことに関与し続ける挑戦について強調することにしたい。

民主主義の考え方に対する実験的なアプローチが問うのは、教育が前もって決められた特定の民主的なアイデンティティを生産することではなく、むしろ、教育が子ども、若者、大人に、民主主義の、困難で、つねに開かれた実験に参加する機会を提供することである。本書で、わたしは、このような民主主義のアプローチの重要性を強調するだけでなく、それが教育に対してもつ意味についても示すことにしたい。教育の課題というのは、既存の民主主義秩序へと社会化するのではなく、民主的に存在し行動する機会を創造することに焦点をあてることである。それは、わたしが民主的な教育の主体化の概念と呼ぶものであり、民主的な主体になることを志向するものである。

社会化に向けた民主的な教育と、主体化に向けた民主的な教育との違いというのは、子どもと若者に対し、なにをすべきであり、どのようにすべきかを伝えるだけなのか、あるいは彼らに民主主義の実験に参加することを容認するのか、というシンプルな違いに見られるものである。前者の選択肢は簡単に見えるのに対し、後者は明らかに挑戦的である。わたしの信じるところでは、最終的に、教育が民主的に行動し存在するあり方の促進に、意味のある持続的な方法で貢献するのは、子どもと若者に、民主的な共生という困難な課題に本当の意味で関与する機会を提供することによってのみである。本書は、民主主義の実践にかかわる単純なレシピを提供するものではない。わたしの願いはむしろ、民主主義の生成に向けた教育の複雑な挑戦に、教育者が異なるかたちで関与するのに十分な示唆を提供することにある。

二〇一四年二月　ルクセンブルクにて

ガート・ビースタ

謝辞

本書で示される考え方は、この十年ほどの間に、教育、生涯学習、シティズンシップ、民主主義の関係について研究してきた成果にもとづいている。本書は、おもに理論的な次元と政策的な次元に焦点をあわせている。これらの考え方によって触発され、またこれらの考え方の発展を触発した経験的な研究については、他のところで論じることとしたい。本書の各章は、以前に刊行された研究ではあるが、今回の出版のために全面的に修正を加えている。他のすべての著書と同様に、本書もまた、世界中の友人や同僚との多くの会話と議論の結果として生まれたものであり、カンファレンスでの発表、セミナー、講習などで、これらの主題について話し、そこに参加した多くの出席者に触発されたことがらに多大な恩恵を受けている。わたしは、彼らとの交流に深く感謝している。とくに、ロバート・ローウィ、クラウディア・ルイテンバーグ、タイソン・ルイス、マーテン・シモンズ、マーク・プリーストリー、チャールズ・ビンガムに、わたしの考え方と研究に対する建設的なフィードバックの発展を促す機会を提供してくれたことに、謝意を述べることにしたい。また、スウェーデンのオレブロ大学とマラーダレン大学に客員教授として訪問したことから非常に多くの示唆を受けた。トマス・エングルンドとカール・アンダース・セフストロームとの意義深い多くの会話に感謝する。さらに、ピーター・デ・リーフデに、本書の刊行を快諾し支援をしてくれたことに心から感謝したい。

二〇一〇年一一月　スターリングにて

民主主義を学習する——教育・生涯学習・シティズンシップ／目次

目次

プロローグ　学校と社会のなかで学習する民主主義

政策立案者や政治家は、教育をしばしばよき市民の「生産」の主要な手段として考えている。このことは、過去数十年間にわたって、学校、カレッジ、大学において、シティズンシップ教育の発展と向上に多大な労力が費やされてきたという事実にあらわれているだけではない。それは、シティズンシップをめぐって、なんらかの望ましくない事態が生じたときに、――たとえば、投票率が低かったり、世論調査が政治への関心の低下を示していたり、いわゆる反社会的行動が増加していたりするとき――政治家は、親が子どもを適切に育てていないとか、学校が将来の市民をしっかりと教えていないなどと述べることによって、しばしば教育を非難する傾向があることに見て取ることができる。この考え方の問題点は、シティズンシップを教えることに過度に力点をおいていることであり、シティズンシップが子ども、若者、大人の日常生活を構成するプロセスと実践を通して実際に学ばれる方法についてほとんど考慮していないことにある。

確かに、教えることは一定の役割を果たすけれども、それが進行する民主的な市民の形成にとって重要な唯一の要素ではない。シティズンシップを教えることに強力な影響を及ぼすものは、子どもや若者が行動し存在する民主的なあり方と、市民としての自らの立場について日常生活のなかで経験するものによってつねに媒介されるのである。そのような日常的なシティズンシップの「レッスン」は、つねに肯定的なメッセージを送り続けるものとは限らない。したがって、シティズンシップの学習と、それを通した一般的な民主的な生活の質に向けた責任というのは、家庭、学校、カレッジ、大学に限定されるものではなく、社会全体の責任として考えられるべきものなのである。このことは、家庭、学校、カレッジ、大学に批判の矛先を向けるのとは反対に、政策立案者と政治家の方に批判を向けることを意味している。なぜなら、彼らの決定こそが、子ども、若者、大人の日常生活を形成する条件と、シティズンシップが策定され学ばれる条件に対して重要な影響力をもっているからである。

本書で、わたしは、目下進行中の民主的な市民の形成に向けて、子ども、若者、大人の日常生活を構成するプロセスと実践にかかわる民主的な質の重要性を強調する広い視点から、教育、生涯学習、民主的なシティズンシップの関係を捉えることにしたい。言い換えれば、わたしは、民主主義が学校と社会で学ばれる方法に焦点をあてることにする。これからの七つの章において、わたしは、現在、推進されているシティズンシップと民主主義についてのある特定の考え方と、追究されている学習と教育に向けられる特定の期待に光を照らすことにする。そのために、理論的、歴史的な研究を、シティズンシップ教育と市民学習の分野についての政策およびその広範な発展の批判的分析に結びつけることにする。わたしは、この研究を、いくつもの異なる教育領域——学校、高等教育、成人教育、生涯学習を含めて——を越境するかたちでおこなう。そして、スコットランドの卓越性のためのカリキュラムから、イングランドのシティズンシップ教育の枠組み、ヨーロッパの高等教育の政策と研究、さらには、成人教育と生涯学習の分野における国内的、国際的な発展に至るまで、地理的に異なるいくつもの場所を取り上げて議論を進めることにする。

本書を通したわたしの全体的な願いは、教師、教育研究者、政策立案者、政治家が、学校と社会でおこなわれる学習を理解する見通しをもつように、シティズンシップの教授にかかわる排他的な理解を超えることにある。このことは、学習というものの複雑さを理解するために重要であるだけでなく、学校と他の教育機関が実際に達成できることへの正確で現実的な期待を形成するのを援助するものである。それは、一般的に、民主的なシティズンシップの前進と民主的な生活の向上において、他の集団が担う責任の強調を容易にする。

本書の各章を通して提唱する考え方というのは、さまざまな分野の動向に対応するものである。シティズンシップを、なによりも個人のことがらとして、すなわち個人の知識、スキル、性向、個人の責任として見なす考え方に対して、わたしは、相互作用の中にある個人、文脈の中におかれた個人に焦点化し、人びとが民主的なシティズンシップについて学習し策定する仕方において、「実際のシティズンシップの条件」が果たす重要な役割について焦点をあわせることにする。シティズンシップの領域を、なによりも社会の観点として、すなわち社会的に適応し統合的に行動することと結びついた「よきシティズンシップ」の観点から捉える考え方に対して、わたしは、民主主義と民主主義政治に重点をおいたシティズンシップの問題を提起する必要性について論じる。このことは、シティズンシップというものが、なによりも政治的関与と集団的決定の問題、そして、私的な問題を集団的な関心へと翻案することに強調点をおく公共圏の行為と関係することを意味している。したがって、シティズンシップは、ローカルなコミュニティにおいてよい仕事をするというだけでなく、正義、平等、自由という、より広い政治的価値に向けた継続的な方向づけを必要とするのである。シティズンシップをなによりも同質性のコミュニティに結びつける傾向に対して、わたしは、民主的なシティズンシップを理解し策定するには多様性と差異が重要であると強調する。学習と教育の役割をなによりも機能的な観点から捉える傾向——既存の社会的・政治的な秩序がどのように再生産され、その秩序に「新参者」がどのように包摂されるのかに着目する考え方——に対しては、わたしは、民主主義と民主化という名のもとで現状に挑戦するプロセスと実践が重要であると強調する。

本書で採用する理論「装置」は、わたしが市民学習とシティズンシップ教育の社会化の構想と呼ぶものと、市民学習とシティズンシップ教育の主体化の構想と呼ぶものとの区別である。前者は、既存の社会的・政治的な秩序の再生産にかかわる学習と教育の役割に注目し、それゆえに、既存の秩序に対する個人の適応を強調するのに対して、後者は、民主的なシティズンシップを個人が獲得する既存のアイデンティティとしてだけでなく、未来に向けて根本的に開かれた目下進行中のプロセスとしても考えることを重視するものである。

このことから、進行中の集合的な実験としての民主主義の見解が生じることになる。わたしは、ランソン（Ranson, 1998, p.9）にしたがって、この実験を「学習する民主主義」と名づけることにする。わたしがこのことをおこなうのは、民主主義の実験についての反省的な関与というものが、その関与から、そのなかで、またそれを通して学ばれることを必要とするということを強調するためである。と同時に、わたしは、このフレーズを、学習社会のより広い考え方にかかわる民主主義の可能性のリマインダーとして使用し、学習社会というのが、もっぱら経済的な動機によって方向づけられた学習が問われる「学習経済」に還元される傾向に対する警告としても使用している。わたしは、学習というものが民主主義と民主化にとって重要な貢献を果たすと強調しようと思うが、学習によって可能なのはそれに相応なものだという点を忘れるべきでないことも重視する。わたしがこのように言うのは、現代の政治においては、政策的課題を学習の問題へと再定式化し、しかもそれを個人の問題と見なすことで、本来は、構造的な変化や政府の行動によって集団レベルで解決されるべき問題を、個人が学習によって解決すべき課題として放置する傾向がますます増大しているからである。

個人の就労の維持のために、自らのスキルと資格を向上させようとする、厳密な意味での生涯学習の経済的な解釈の隆盛は、グローバルな労働市場についての構造的な問題が、完全に個人と個人的な学習の観点から処理される「学習の政治」として作用する一例である。このことは、民主主義と民主的なシティズンシップの問題が学習だけでは解決されえないということの警告として有効であるだけでなく、人びとのシティズンシップの資源と、その物質的、社会的な条件を含めて、構造的なインフラストラクチャーの側面への配慮を必要とするということをも意味している。

本書は、以下のように構成されている。第一章「シティズンシップの教授から民主主義の学習へ」において、わたしは、シティズンシップの教授から、民主主義の学習と、その学習が生じる条件への注目の転換について議論する。ここでは、近年、イギリスで展開されているシティズンシップとシティズンシップ教育の考え方について論じる。この背景に対して、今日のシティズンシップ教育の考え方の限界をいくつか指摘したうえで、わたしは、より状況的で文脈化されたアプローチについて論じることにする。第二章「カリキュラム・シティズンシップ・民主主義」では、「卓越性のためのカリキュラム」と呼ばれるスコットランドのナショナル・カリキュラムにおけるシティズンシップの役割に焦点をあてることにする。スコットランドのアプローチの主要な傾向を確認し特徴づけて、カリキュラムの文書や政策で明記されている「責任あるシティズンシップ」の考え方に含まれるいくつかの問題を指摘することにする。第三章「ヨーロッパのシティズンシップと高等教育」では、近年のヨーロッパ・レベルでの展開に目を向ける。わたしは、シティズンシップと民主主義の考え方が、とくにヨーロッパの高等教育との関係で前進してきていると分析したうえで、これらの考え方の限界についても問題を提起することにする。第四章「知識・民主主義・高等教育」

は、研究と知の生産とのかかわりで、大学の市民的役割について照準をあわせる。第五章「知識経済における生涯学習」では、生涯学習が経済的な要請と動機のためにどのように再定位されてきたのかを示すために、成人教育と生涯学習の分野における最近の展開について分析する。ここでは、本当の危険というものが迫っていて、そのために、民主主義との古いつながりが失われてしまうということを論じる。第六章「学習する民主主義に向けて」では、民主主義、シティズンシップ、成人教育、公共圏の関係について探究してきた数多くの著者たちの研究を議論することを通して、より積極的な観点を追究することにしたい。わたしが「学習する民主主義」の考え方を紹介するのは、こうした議論の文脈においてである。第七章「市民としての学習を理論化する──社会化・主体化・無知な市民」では、市民学習の実行可能な考え方とはなにかを探究するために、これまでの議論を主要な理論的筋道のもとにまとめることにする。わたしは、市民学習の社会化の構想と主体化の構想の区別を導入し、シティズンシップ教育が、社会化のアジェンダを超えて、民主的な行為主体を真に促すアプローチをとる市民学習と民主的な主体の考え方によって満たされることが必要だということを示すことにしたい。

第一章　シティズンシップの教授から民主主義の学習へ

過去数十年間にわたって、教育者、教育研究者、政策立案者、政治家の側から、教育と民主的なシティズンシップについての問いへの関心が世界中で沸き起こってきた（その概説については、たとえば、Osler & Starkey, 2006を参照）。新しく台頭している民主主義においては、教育が民主的な市民の形成と民主的な文化の振興にどのように貢献することができるかという点に焦点があてられるのに対し、これまでにある民主主義では、民主的なプロセスと実践への関心と関与をどのように育成し維持するかという点に焦点があてられている。これらの議論において問われているのは、民主的なシティズンシップに向けた教育の適切な形状と形態についてのテクニカルな問題だけでなく、民主主義の本性と民主的な社会のなかでのシティズンシップの可能な構成についての哲学的な問題である。

民主主義の状態についての議論は、二つの潮流に識別することができる（McLaughlin, 2000）。すなわち、政治参加と政治的理解のレベルの低さを懸念する議論がある一方で、社会的結束と統合への広い関心を喚起する議論もある。イングランドでは、学校でのシティズンシップ教育と民主主義の教授の諮問委員会（議長を務めたバーナード・クリックにちなんで「クリック報告」として知られている）の最終報告書は、「心配を要するレベルで、公共生活に対する嫌悪、無知、シニシズム」が蔓延しており（Crick, 1998, p.8）、現代の状況が「弁解の余地のないほどひどい」（ibid., p.16）と主張している。それだけではなく、報告書は、この状況を「改善することができるし、改善すべきである」とも主張している（ibid., p.16）。

これらの議論には、若者の役割と地位についての特別な不安が存在する。若者が大人よりも低いレベルの政治的関心、知識、行動しかもっていないという考え方が巧妙なかたちで報告されてきた。ある人たちは、これがライフサイクルの正常な現象であり、政治への関心というのは年齢があがるとともに増加するものだと主張してきた一方で、他の人たちは、前の世代と比較して、若者の政治への関心と関与が低下している、あるいは、すくなくとも公式の政治への関心と関与については低下している証拠があると主張してきた。これに応答して、若者による公式の政治への関与の低下が一般的な意味での社会的、政治的な問題への不関与を必ずしも意味しないことを示すために、若者というのは、大人とは異なるが非常に明確な政治的アジェンダをもっていると論じる人たちもいる。一方で、若者が自らの明確で新しい政治的アジェンダをもっていないと主張する人たちもいる。

政治への関心と参加のレベルについての証拠は決定的なものではないが、若者は、「形成過程の市民」(Marshall, 1950, p.25) として考えられることによって、政治的、社会的な疎外と見なされる傾向に対処しようとする政府のイニシアティブの主要なターゲットになった。シティズンシップ教育は、これらのイニシアティブの基礎となったのである。イングランドでは、シティズンシップ教育が一九八八年のナショナル・カリキュラムに、五つの越境的なカリキュラムの主題の一つとして取り入れられ、二〇〇二年には、中等教育段階のキー・ステージ三と四(一一歳から一六歳)の生徒において、ナショナル・カリキュラムの必修科目となった。これは、キー・ステージ一と二(五歳から一一歳)の人格・社会性・健康教育とともに、シティズンシップ教育のガイドライン(法令ではない)によって補完されることになった。スコットランドでは、二〇〇四年に開始され、二〇一〇年から発展的に実施されている、新たな卓越性のためのナショナル・カリキュラムのなかで、「責任あるシティズンシップ」が、すべての教育を通して促進し発展させることが目指されるべき四つの能力のうちの一つとしてリストにあげられている。

わたしは、シティズンシップ教育の重要性を軽視するわけではないが、——その重要性というのは、とくに若者が自らこの分野の知識や理解の不足を示したからでもない(たとえば、White, Bruce & Ritchie, 2000)——公式のカリキュラムにシティズンシップを取り入れることは、若者のシティズンシップ教育にかかわる、もっと深刻な問題を覆い隠すリスクがあると考えている。わたしがこの章で論じようとするポイントは、シティズンシップの教授が、民主主義のなかで申し立てられている「危機」に対する、せいぜい部分的な対応でしかないということである。このことが、研究、政策、実践の焦点を、シティズンシップの教授から、若者が学校、カレッジ、大学、社会全般の日常生活において形成する文脈と実践へと参加することを通して「学習する民主主義」へと移行させる必要があると論じる理由である。

シティズンシップの教授から民主主義の学習への移行は、シティズンシップ教育の分野において近年よく見られる考え方を下支えするシティズンシップの個人主義的な観念を克服することを可能にする。民主主義の学習への注目は、そのような学習が若者の生活展開のなかに位置づけられている仕方を明らかにし、今度は、これらの生活がより広い文化的、社会的、政治的、経済的な秩序にどのように関連づけられているのかを明らかにすることを可能にする。そうした秩序は、究極的には、若者が民主的な市民となり、シティズンシップを制定し、そしてそこから学習する機会を提供する、より広範な文脈のことである。言い換えれば、シティズンシップの教授から民主主義の学習への移行が強調するのは、シティズンシップ教育というものが、個人の属性として考えられるべきではなく、個人の文脈や、関係の中の個人と不変的に関係しているということである。研究の観点でこのことが意味するのは、さまざまな公式、非公式の実践と環境に参加する若者に追随することによって、すなわち、若者の声に耳を傾けて聴くことによってのみ、彼らの学習が適切に理解されうるということである。このことは、今度は、シティズンシップの学習に向けた教育の責任が学校と教師に限定されるのではなく、社会全般に及ぶものだと認識することを可能にする。

本章は、第二次世界大戦以降のイギリスにおけるシティズンシップの議論の再建とその展開からはじめることにしよう。シティズンシップをめぐる議論の再建が意味するのは、第二次世界大戦後に顕著であった包摂的なシティズンシップの構想から離れて、一九八〇年代以降、はるかに個人主義的なアプローチを採用する方向へと移行したことである。その結果、シティズンシップの状況的な要素を認識することがますます困難になった。わたしは、この傾向が近年のシティズンシップ教育の展開においても顕著に示されており、とくに民主主義の危機と言われているものが個人を（再）教育することによって対処できるという前提において明白にあらわれていると考えている。

ここでは、「文脈の中の個人」「関係の中の個人」よりも、個人それ自体が強調される個人主義的なアプローチに結びつけられる問題を概説する。この背景に対して、学校と社会全般など、若者の本当の生活で生起する学習を出発点にするシティズンシップ教育のアプローチを支持する議論を展開する。この章の結論では、シティズンシップ教育の研究、政策、実践に向けたインプリケーションについても述べることにしたい。

第二次世界大戦後のイギリスのシティズンシップ

マーシャルは、第二次世界大戦後に執筆した「シティズンシップと社会的階級」（Marshall, 1950）という論考で、戦後から一九七〇年代に至る時期に、社会的自由主義のコンセンサスを吹き込んだシティズンシップの見解の輪郭を描き出した。ロッシュによれば、マーシャルの理論的な枠組みは、イギリスのシティズンシップの理論の「支配的なパラダイム」を表現し、シティズンシップにかかわる議論の試金石を表現し続けることになった（Roche, 1992, pp.16–17）。マンは、イギリスに関していえば、マーシャルのシティズンシップの見解というのは「本質的に真実である」とさえ述べている（Mann, 1987, p.34）。

マーシャルは、シティズンシップを「コミュニティのすべての人たちに与えられる地位」と定義し、「この地位を所有する人はすべて、与えられる地位の権利と義務に関して平等である」と論じた（Marshall, 1950, pp.28–29）。マーシャルは、現代社会における市民的権利の発展に焦点をあわせた歴史的なアプローチを採用している。彼の主要な命題は、近代のシティズンシップが、市民的権利、政治的権利、社会的権利という三つの異なる種類の権利を含むとするものであった。すなわち、市民的権利というのは、おもに一八世紀に発展した「人身の自由、言論の自由、思想と信条の自由、財産を所有し契約を結ぶ権利、裁判を受ける権利」など（ibid., p.74）、個人の自由にとって必要な権利のことである。政治的権利というのは、続く一九世紀と二〇世紀初頭に発展した、投票と政治職に立候補する権利を含むものである。おもに二〇世紀に発展した社会的権利は、「最低限の経済的福祉と保障への権利から、社会的遺産を十分に享受する権利、社会の支配的基準に見合う文化的生活を営む権利までの範囲全体」を含むものである（ibid., p.74）。マーシャルによれば、これらの種類の権利のそれぞれがある特定の制度に対応するものとなる。市民的権利が司法制度によって保障され、政治的権利は地方自治体と議会の制度に対応するのに対し、社会的権利は福祉国家に結びつけられる。

マーシャルの分析は、イギリスにおけるシティズンシップの展開を記述したものとして読むことができるが、彼のおもな関心というのはシティズンシップと資本主義をどのように和解させることができるかという問題の解決にあった。資本主義によって作られた富の増大は、社会的権利の増大のための条件を創造した。しかし、そうした動きとちょうど同じ時期に、これらの権利が資本主義システムに対する脅威ともなった。というのも、それらは本来的に集産主義的であり、公的支出と課税の増大を要請したからである。こうした理由から、マーシャルは、「二〇世紀において、シティズンシップと資本主義の階級システムは対立〔してきた〕」（Marshall, 1950, p.87）と論じるのである。だが、マーシャルは、社会的権利というものが、福祉国家の枠組みのなかで制度化されるものであり、究極的には、行き過ぎた市場のわるい面を緩和するものだと信じていた。マーシャルは、自らが提唱した機能的な分析にそって、「ハイフン連結社会」という概念を導入した。それは、「部分というのは相互に関係づけられることがなければ無意味である」という、民主主義 - 福祉 - 資本主義の布置関係である（Marshall, 1981, p.128）。したがって、社会的権利は、市場の影響を「文明化する」ことによって、シティズンシップを資本主義と両立するものにした。基本的に、彼は、社会的権利の拡大が階級差別と不平等を不変的に改善し克服していくと信じていた。戦後、シティズンシップの拡大を達成するのに必要な政策の種類をめぐって、対立と論争が繰り広げられたけれども、マーシャルの考え方は、「社会的権利の成長を通した社会正義と社会的統合への継続的なコミットメント」を国家が保証するものであった（France, 1998, p.98）。マーシャルは、戦後の福祉国家の建設とともに、洗練された意味のある地位としてのシティズンシップの進歩が完成すると考えた。

マーシャルの研究は、戦後のイギリスのシティズンシップについて理解し、それを発展させるうえで、重要な役割を果たしてきた。にもかかわらず、彼の考えは、過去数十年にわたって、多くの理由で批判もされてきた（詳しい解説は以下を参照。Faulks, 1998, pp.42-52）。マーシャルが考慮し損なった問題の一つは、おそらく、国家というものが、中立的な審判員として機能するのではなく、一つの階級あるいはエリート集団のために働くかもしれないということであり、国家を中立とする彼の考えは「一九五〇年代のイギリスの文脈だということを考慮に入れたとしてもナイーブ」過ぎる前提である（ibid., p.44）。フォークスによれば、マーシャルは、シティズンシップにとって必要なのは多くの個人にとって意味のある社会的な次元であると論じたけれども、究極的には、彼が提唱した社会的権利というのは、家父長制的で、市場経済の条件に依存するものであったと結論づけられている（ibid., p.51）。言い換えれば、マーシャルは、「有意義なシティズンシップが、参加を促進するのに必要な資源を所有する市民による活動的な参加を要求するということ」を考えなかったのである。マーシャルは、シティズンシップについて、政府機関を基盤にしたアプローチを超えることに失敗したために、「市場と強制的な国家がシティズンシップに必要とされる資源を配分する構造的な制約」について考慮することがなかったのである（ibid., p.51）。

福祉国家から新自由主義へ

しかしながら、それは、マーシャルの思想の影響を凋落させる議論の理論的欠陥ではなかった。もっと重要なことに、社会正義の公正な保証人としての福祉国家に対するマーシャルの楽観的な信念は、国民国家の自律性の衰退や、生産と消費のグローバル化など産業世界において生じた実際の変容、それに関連した社会的、文化的な変化によって取って代わられることになった。これらの発展は、特権的な地位と周辺的な地位の両方において、シティズンシップが個人と集団によって理解される方法を根本的に変えることになった。

イギリスでは、戦後のコンセンサスに対する挑戦は、おもに一九七〇年代中頃の「ニューライト」からはじまった。それは、経済的、政治的な不安定の状態が続いた後に、「福祉依存」の文化が社会の伝染病になっていると主張したマーガレット・サッチャーによって擁護された。ここで、サッチャーは、直感的に、社会権と福祉国家の対策が個人の責任と市民的美徳を弱体化させるために、個人の自由を支持するよりも、むしろ概して浸食すると論じることによって、フレデリック・ハイエクのような新自由主義（ネオリベラリズム）の思想家に追従した。新自由主義にとっては、「よきシティズンシップを誘発する唯一の方法は、個人が責任をもって行為することを自由に選択できることが基盤になることである」(Faulks, 1998, p.68)。このことは、サッチャーが自由市場と政府の不干渉という伝統的な自由主義（リベラリズム）の考え方に回帰することによって、社会的なシティズンシップを反転させ逆戻りさせようとしたことを説明する手助けとなる。しかし、彼女がそのようにしたのは、古典的自由主義の枠組みのなかでよりも、新自由主義の枠組みにおいてであった。二つのイデオロギーの相違は、オルセンによって明瞭に捉えられている。

古典的自由主義は、個人が国家の介入から解放されることを目的にしていた点で、国家権力についてのネガティブな観念をもっていたのに対し、新自由主義は、それらを作用させるのに必要な条件、法律、制度を提供し、適切な市場を創造することにおいて、国家の役割のポジティブな観念をもつようになった。古典的自由主義において、個人は、自律的な人間の本性をもっており、自由を実践することができると特徴づけられた。新自由主義において、国家は、商魂たくましく、競争心の強い企業家としての個人を創造しようとする（Olssen, 1996, p.340）。

「政府の不干渉」という考え方は、弱い政府を意味しているのではない。国家は、市場の秩序を警備し監督するために強力であることが求められる。ギルモアは、「権威主義的自由主義」という、表面的には矛盾した論理を次のように要約している。

「自由」と国家の揺り戻しとの間には、レトリックの矛盾はなかった。国家は、実際には、中央集権化と国家のフロンティアの拡大とが組み合わせられていた。個人主義と自由市場の国家の確立は、集合的な行為の防止と、異議を唱える制度と個人の服従を要求する独裁的な試みではないにしても、確固たるものであった（Gilmour, 1992, p.223）。

「個々の企業家の物価安定政策」（Hall *et al.*, 2000, p.464）という明らかに個人主義のレトリックは一九九〇年代初頭にジョン・メージャーのもとで和らげられたけれども、自己責任と個人の選択に対する強調は維持されたままであった。実際、公的サービスや統治機構の改革といった重要な分野で、サッチャリズムのアジェンダはメージャーのもとでも急速に進められたのである。

社会権から市場権へ——活動的な市民

これまでの議論が明らかにしているのは、サッチャーとメージャーの保守党政権におけるもっとも中心的な局面の一つが、個人と国家の関係を再定義し、まさにシティズンシップの理念を再定義することにあるという点である。フォークスは、シティズンシップの再定義について、社会権から「市場権」への移行と表現している。それは、「選択の自由、財産所有と保護の自由、財産を適切に使う自由、不平等の権利」から構成されるものである（Faulks, 1998, p.124）。この見解の中心にあるのは活動的な市民（アクティブな市民）という考え方である。それは、政府の干渉や支援に依存するのではなく、自律的で、自らの行動に責任をもつ「ダイナミックな個人」であり、なおかつ「国家とコミュニティに対する市民的美徳と誇りの感覚」を兼ね備えている個人のことである（ibid., p.128）。このアクティブ・シティズンシップの形態は、「市場関係の競争と厳しさが市民のコミュニティと国家への関心によって『分明化される』であろうという自助とボランタリズムの混合」から構成されている（ibid., p.128）。それは、価値の共有と、義務と忠誠の相互性にかかわる要請の認識に支えられるものである。だが、実際には、アクティブ・シティズンシップは、コミュニティの価値の促進よりも、市場における自律的な選択者で、個別の経済的な消費者である個人に関係するものになった。個人主義を強調するサッチャリズムは、コミュニティ意識が芽生える基礎を形成するよりも、社会の分裂を増大させることに成功しただけであった。

個人が自身の行動に責任をとる必要性に焦点をあわせたことによって、アクティブ・シティズンシップへの要求は、社会的な病理についてのある特定の診断にもとづいていた。すなわち、社会において、活動的にコミットする個人が欠けているという診断である。社会の問題は、個人主義的、心理学的、道徳的な用語で表現された。それは、福祉国家の過小な資金供給や公的サービスの私事化に起因する政治的統制の喪失といった構造的な要因の結果ではなく、むしろ個人の責任の欠落の結果であると説明された。こうして、アクティブ・シティズンシップは、個人が行為する文脈を提供する構造に注目し焦点をあわせるよりも、個人を非難する戦略にしたがったのである。それゆえ、皮肉にも、アクティブ・シティズンシップは、まさにシティズンシップの観念そのものの脱政治化と私事化を実証するものとなったのである。

シティズンシップと資本主義

多くの評論家は、ニューライトの出現を過去との革新的な決別、とくに第二次世界大戦後の最初の十年間に存在した社会的自由主義のコンセンサスとの決別として捉えている。彼らは、おもに、サッチャーが福祉国家の解体と社会権の衰退に対して責任をもつと考えている。サッチャーがイギリス社会に与えた影響は、彼女自身が「そのようなもの」は存在しないと主張したとしても莫大であり、政治的アジェンダを修正するのに保守党政権の継続は非常に効果的であった。一方で、福祉国家の消滅は、保守党政権によって作られた政治的イデオロギーとレトリックの変化だけでは説明しきれないものでもあった。フォークスは、福祉対策を向上させ改善させ、社会権の拡大を引き起こした戦後コンセンサスの発展について、支配階級に対する労働者階級の勝利として単純に理解すべきではないと述べている。社会権の発展は、近代的な生産を維持する支配階級が必要とした産物でもあった。言い換えれば、社会的なシティズンシップの拡大は、「資本家と労働者の双方の利益を保証する」ためのものであったのである（Faulks, 1998, p.108）。

こうした見地からすれば、生産のグローバル化の増大によって資本主義の必要性が変化した一九七〇年代という時代に、社会権が圧力を受けたというのはまったく驚くようなことではない。比較的短い期間のうちにではあるが、生産と消費がおもに国民国家の境界に限定されていた統制的な資本主義は、グローバル資本主義という、はるかに無秩序な形態へと道を譲ることになった。そこでは、政府は、グローバル経済のプレイヤーであり続けるために、グローバル資本に適合した条件を提供するように圧力を受けることになった。マーシャルの期待とは裏腹に、これはシティズンシップと資本主義の間の「対立」へと回帰する状況を生み出した。戦後、発展した社会的なシティズンシップは、世界経済のなかでイギリスの競争力に対する障壁になると考えられるようになった。こうした見地から、一九八〇年代のサッチャリズムのアジェンダは、「労働組合や社会権など資本主義の投資に障壁となるものを減少させ、イギリス経済のグローバル化を増大させることによって、資本主義の新しい現実に対応する試み」として理解された（ibid., p.121）。個人主義、選択、市場権といった新自由主義のイデオロギーは、集産主義、連帯、社会権という古いイデオロギーよりも状況に適していると考えられた。

一九九七年五月に労働党が権力を奪回したとき、福祉国家が再建されるだろうという期待も含めて、ラディカルな変化に対する大きな希望があった。だが、労働党自身によって拍車をかけられた期待は、完全には実現しなかった。シティズンシップに関して、労働党は、おもに社会的価値と社会的責任の重要性を強調するコミュニタリアン的な理念を用いることによって、ニューライトの立場を改善しようとした。けれども、教育や健康などの重要分野において、つまり福祉国家の主要な柱において、労働党は、選択、供給、アカウンタビリティのレトリックと実践を継続し、それによって、市民を、集合的な資源を公正に分配する民主的な決定への参加者としてではなく、むしろ「高品質」の社会的サービスを受給する消費者として位置づけた（Biesta, 2004a; 2010aを参照）。この点で、労働党政権は、それ以前の保守党政権の顕著な特徴であった個人主義的な新自由主義の思潮を継続したのである。

シティズンシップ教育の理念

戦後のイギリスのシティズンシップの展開についてのこれまでの議論は、シティズンシップ教育の考え方に対するわたしの議論に、実際の背景を提供するだけではない。それは、近年のこの分野の展開を理解し評価する枠組みとしても有益である。いわば、それはシティズンシップ教育の展開というものが一九八〇年代のイギリスで台頭したシティズンシップの個人主義的な観念に非常に近接した状態のままであるということである。これは、「シティズンシップの問題」が理解されうる方法の一つに過ぎない。したがって、これから示すように、民主主義を「準備」する若者の形成過程としてのシティズンシップ教育の観念というのは、民主的な学習が促進され組織される、必ずしも最良ではないにしても、方法の一つであると論じることにしたい。

シティズンシップ教育は最近の発明ではないけれども（たとえば、Batho, 1990を参照）、イングランドの文脈では、近年の試みの主要な推進力が、学校でのシティズンシップ教育と民主主義の教授の諮問委員会に由来するというのは疑いのないものである。当時の教育雇用大臣のデヴィッド・ブランケットによって設立されたこの委員会が指示したのは、「学校におけるシティズンシップの効果的な教育について助言することであり、民主主義における参加の性質と実践を包摂することであり、すなわちそれは、市民としての個人の義務、責任、権利と、コミュニティの活動を構成する個人と社会の価値を含み込む」ことであった（Crick, 1998, p.4）。委員会はまた、「学校でのシティズンシップ教育の目標と目的の声明」と「学校でのよきシティズンシップというものがどういうものであり、どのようにしたらそれが成功裏に実現しうるかの広範な枠組み」を創出することが期待された（ibid., p.4）。

非常に広い政治的なスペクトルからなる諮問委員会は、シティズンシップにとって効果的な教育は三つの要素から構成されるべきだと論じた。第一に、社会的、道徳的責任である。すなわち、「最初から自信をもって学習し、教室の中でも外でも、権威ある人たちに対してでも、互いに対してでも、社会的、道徳的に責任をもって行動する子どもたち」のことである（ibad., p.11）。第二に、「コミュニティへの参加」であり、それは「コミュニティへの参加とコミュニティへの奉仕による学習を含め、自らのコミュニティの生活と関心について学習し、支援的にかかわるようになること」である（ibid., p.12）。第三に、政治的リテラシーであり、「知識、スキル、価値を通して、自ら公共生活において効果的なメンバーになることと、その方法を学習する生徒」のことである（ibid., p.13）。これら三つの流れにそって、諮問委員会が強調したのは、シティズンシップ教育が「シティズンシップと市民社会の知識だけでなく、価値、スキル、理解の発展をも促すことであった」(ibid., p.13)。カーによれば、諮問委員会は、「効果的なシティズンシップ教育の成果、すなわちアクティブで責任ある参加にかなりの重点」をおいているという(Kerr, 1999, p.79)。最終的に、シティズンシップ宣言(シティズンシップの教授のための公式のガイドライン)として結実した内容は、諮問委員会が提唱したものとはかなり異なるものとなった。このことは、とくに「シティズンシップ諮問委員会の最終報告書の全体的な影響」を弱体化させることになった(ibid., p.79)。シティズンシップ宣言では、キー・ステージ三と四で、次の三つの達成目標が掲げられた。すなわち、(1)見識ある市民になるための知識と情報、(2)探究とアプローチのスキルの向上、(3)参加と責任ある行動のスキルの向上である(ibid., p.83を参照)。

シティズンシップ教育の理念の三つの問題

イングランドにおけるシティズンシップ教育の枠組みは、さまざまな角度から広範囲に批判されてきた(たとえば、Beck, 1998; Garratt, 2000を参照。それに対する「節度のある応答」については、Crick, 2000; Crick, 2007を参照)。ここでのわたしの関心は、さまざまな提案と実践のうちのある特定の内容と形態にあるのではなく、むしろ、シティズンシップ教育に関する一般的な理念にある。それは、民主主義の危機と言われていることがらを、個人を(再)教育し、教育を通して民主的なシティズンシップを「準備する」ことで適切に解決することができるという考え方である。わたしは、基本的にこうした考え方には、三つの問題があると捉えている。

シティズンシップ教育の理念にかかわる第一の問題は、それが主として個々の若者を対象にしていることである。そこで想定されているのは、若者が個人として適切な知識とスキル、正しい価値観、市民としてあるべき性向を修正することを欠落させているという考え方である。それは、若者のシティズンシップの問題を個人化し、そうすることによって、社会的な機能不全に対しても個人が責任を帰せられる新自由主義の思想系譜にしたがうだけではない。それは、よきシティズンシップを、個人が適切な知識、スキル、価値、性向を獲得することだと提案していることにはっきりと表現されているように、シティズンシップを個人化するものでもある。もちろん、シティズンシップ教育はこれまでにも必要とされていたが、よきシティズンシップの実現に向けた十分な条件が整わなかったと主張することもできるだろう。このことは、たとえばクリック報告のなかでも認識されている。そこでは、「学校というのはそれ相応のことができるだけ」なので、わたしたちは「教師にほとんど要求してはならないわけではないのと同様に、過度に多くのことを要求すべきでもない」というかたちで強調されている（Crick, 1998, p.9）。しかし、根本にある考え方というのは、学校が「もっと多くのことをできるはず」であり、さらに重要なことに、「支援を必要としている」と見なしていることである（ibid., p.9）。後者が示しているのは、より広範な文脈が考慮に入れられるようなときでさえも、よき市民の効果的な「生産」がまず第一番目に支持されるということである。

わたしが強調したい第二の問題は、シティズンシップが教育の軌跡の結果として解釈されるという前提に関係している。結果としてのシティズンシップという考え方は、シティズンシップ教育の考え方において強力で有用な方向づけを与えるものである。おもに焦点がおかれているのは、「よきシティズンシップ」というものが実際にはなんであり、またなんでありうるのかという問いではなく、むしろ「よきシティズンシップ」を引き起こすための効果的な手段である。有用な方向づけは、「新たな教科の目標は活動的で責任ある市民を形成することである」というクリックの主張において前面に出されている（Crick, 2000, p.67）。実際、もっとも重要な関心事は、特定の種類のシティズンシップを引き起こすにはどのようにするのが最良かという点であった。それは、若者にシティズンシップを教育し、彼らが熱望する共通の目標とされることがらを達成するための「最良」で、もっとも「適切な」方法とアプローチを発見することであった。わたしは、「現代の政治的な政策の議論は、たいていアクティブ・シティズンシップの構想を批判的に問うことよりも、むしろそのようなシティズンシップがどのように実現されうるかを議論することにかかわっている」というホールらの主張に賛同する（Hall *et al.*, 2000, p.464）。わたしは、シティズンシップの意味の別のあり方を継続的に追求し、「対立する価値観の位置についての公共的な対話」（Martin & Vincent, 1999, p.236）を継続することが民主的な生活の中心になるだけでなく、それがシティズンシップ教育の中心になるべきだと提案することにしたい。

結果としてのシティズンシップという考え方は、シティズンシップというものがある特定の軌跡を成功裏に隈なく辿った後にのみ達成される地位だという前提で作り上げられている点でも問題のあるものである。わたしは、シティズンシップというものが、達成され維持されるなんらかの地位に関係するものだというよりも、人びとが絶え間なくおこなうなにかであり、実践としてのシティズンシップとして解釈されることが必要だと提案する（Lawy & Biesta, 2006を参照）。言い換えれば、シティズンシップというのは、だれかが「所有する」アイデンティティではなく、まずなによりも、同一化（アイデンティフィケーション）の実践であり、とくに公共的な問題、すなわち共通の関心事である問題についての同一化の実践にかかわるものなのである。これは、参加の文化が民主的なシティズンシップの中心的で不可欠な要素であるべきだということを意味している。

シティズンシップを結果として考える限り、若者をまだ一人前の市民ではないという、問題のある位置におくことになる。実際、フランスが論じたように、シティズンシップは「一般的に、大人の経験として理解されがちであり」、その結果、若者であるということは「『子ども期』から『成人期』への過渡期」として考えられるようになる（France, 1998, p.99）。そのようなアプローチは、結果としてのシティズンシップについてのわたしの懸念と並んで、若者がつねに、そしてすでに社会生活に参加し、より広範な社会的、経済的、文化的、政治的な過程から隔離されているのではなく、それらの世界に関与しているということを認識し損なうものである。実際、市民であるということは、ある確定的な中心価値と性向を獲得することよりも多くのことがらをともなうものである。それは参加的で、それ自体、本来的に教育的なプロセスである。というのも、若者が社会における自らの位置と役割について言及し理解し表現する方法の変容に関係するものだからである。

これはまさに学習の問題が生じるポイントである。それはシティズンシップ教育の考え方についての最後の第三の問題へと誘うものである。シティズンシップの教授を含めて、どのような教育戦略においても明白な問題の一つは、若者が教えられた内容と同じことがらを学習しているという保証はないということである。「効果的な」教育という理念の提唱者は、研究が「成功」を保証するだろう教授の戦略についての証拠を提供する以前に、わたしたちがそれは単に時間の問題に過ぎないということを信じさせようとするかもしれない。しかし、なにが「成功」としてあつかわれるのか、そしてだれがそれを定義する権利をもつのかという問いを別にするにしても、彼らは、生徒が教えられたことからなにを学習するかというのは本質的に教授の意味を解釈し理解する方法に依存するのであり、生徒が広範で多様な経験を基礎にして理解するものに依存するということを忘却している(Biesta, 1994; Bloomer, 1997)。教育というのは、生徒の意味形成の活動的な行為を基盤にしたコミュニケーションのプロセスであり、第一に教育を可能にするのはこの予想できない要因である(Vanderstraeten & Biesta, 2001; Biesta, 2004bを参照)。さらに、若者は、民主主義とシティズンシップについて、公式に規定され、形式的に教えられて学習するのと、すくなくとも同じくらいは、自らの生活を構成するさまざまな実践領域に参加することから学習するものである。学校評議会や他の方法で、若者が教育的な経験について共同で意思決定することに意味のあるかたちで参加できる卓越した内部の民主的な取り決めを備えている学校でさえも、それらの経験は、若者が学習する環境のわずかな部分でしかないのである。彼らは、家庭や余暇活動への参加や、仲間との触れ合い、メディア、広告、消費者としての役割から同じくらいか、あるいはおそらくもっと多くのことを学習する。彼らは、そこから、しばしば異なったことがらや矛盾しさえすることがらについても学習するのである（Biesta, Lawy & Kelly, 2009 を参照）。

これらすべてのことは、民主的なシティズンシップの学習が若者の生活のなかに位置づけられているということを示している。若者がシティズンシップ教育を含めて自らの経験を理解する方法というのは、それ以前の学習と意味形成の結果によって形作られる視点に決定的に依存しているのである（Dewey, 1938aを参照）。しかし、民主的なシティズンシップの分野における若者の視点と、彼らの学習と行為というのは、彼ら自身の生活に影響する、より広範な文化的、政治的、経済的な秩序にも影響されるものである。この点において、シティズンシップ教育に対する個人主義的なアプローチと、シティズンシップそれ自体に対する個人主義的な理解は、若者が生活し行為する状況の重要性を忘却するか、あるいはすくなくとも軽視するという主要な欠陥の一つをあらわしているのである。フランスは、若者が活動的な市民になることを期待し要請するだけでは十分でないと論じている（France, 1998）。

社会として、わたしたちは、若者が生活する社会あるいはコミュニティの支柱を必要とするということを認識しなければならない。最近の一五年間に、こうした認識は、社会権の浸食と特定の大人たちの社会的権力の表現によって低下させられてきた。このことは、若者が大人の世界へと移行するコミュニティと雇用の両面において、わずかな機会しか享受することができないことにつながった。しかし、このような機会が与えられることがなければ、多くの若者が自身のローカルなコミュニティや国家のコミュニティに対する社会的責任を引き受けようとするいかなる願望も感じないであろうということを認識することが重要である（France, 1998, pp.109–110）。

わたしは、若者が社会生活と公共生活のなかで活動的になることに消極的であることをシティズンシップの「問題」と理解するのは誤解であるというフランスの主張に同意する。問題は、つねに「文脈の中にある若者」の問題として解釈されなければならない。それは、若者についての問題であるのと同様に、若者が生活し学習する文脈についての問題なのである。言い換えれば、若者が市民になる方法と民主的なシティズンシップを学習する方法にとって重要な——そしておそらく決定的でさえある——影響を与えるのは、若者のシティズンシップをめぐる実際の条件である。

結論——シティズンシップの教授から民主主義の学習へ

この章では、戦後のイギリスにおけるシティズンシップの理論と実践の進展を概観してきた。とくに、近年のイングランドのシティズンシップ教育の構想について、シティズンシップ教育の理念の一般的な要点に焦点をあわせるかたちで論じてきた。わたしは、シティズンシップ教育を批判的に論じたくはないけれども——学校は重要な役割を果たすので——シティズンシップの教授についての支配的なアプローチには二つの関連した理由で問題があるということを指摘した。一方では、これはシティズンシップの「問題」がおもに個人と個人の態度の問題として理解されているという事実に関係している。他方で、そのように考えられたシティズンシップの「問題」に対する反応が、おもに個人の知識、スキル、性向に焦点をあわせていることである。それに対して、シティズンシップの問題というのが個人としての若者にあるのではなく、「文脈の中の若者」にあると論じてきた。そのことが、シティズンシップ教育について、孤立した個人としての若者よりも、「関係の中の若者」と、若者の生活を取り巻く社会的、経済的、文化的、政治的な条件に焦点をあわせるべきことの理由である。このことは、シティズンシップ教育それ自体だけでなく、シティズンシップ教育の研究と政策に対しても異なる方向性を示唆するものとなる。シティズンシップの教授から民主主義の学習への移行というわたしの主張は、そうした変化の方向性を示す指標をあらわしているのである。

本書が学術研究に与える示唆の一つは、若者が実際に民主主義を学習する方法に焦点をあわせる必要があるという点にある。その焦点化は、若者が実際に民主的な市民となり、それを通して学習する多様な方法の理解を目指す研究を必要とする。言い換えれば、若者が中心的な役割を果たす実際の「シティズンシップの条件」に与える民主主義の学習方法について、文脈的に理解することを要請する。わたしたちが今日のイギリスの若者の市民生活において進行していることがらを実際に理解することができるのは、若者が異なる文脈、実践、制度の内外で行動することを理解し、彼らの参加あるいは不参加から学習することがらを理解しようとすることによってのみである（そのようなアプローチの例として以下を参照。Biesta, Lawy & Kelly, 2009）。

シティズンシップの教授から民主主義の学習への移行は、政策立案者と政治家に対しても示唆を提供する。政策立案者や政治家が本当に若者の民主的なシティズンシップに関心をもっているのであれば、彼らは、若者が市民となり、市民であることの意味を学習することができる実際の条件に注意を払うべきであるし、さらに重要なことに、そうした条件に投資すべきである。若者を含め、すべての市民が本当に意味のある参加をおこなう資源は若者が民主主義を学習する方法において重要な意義をもつが、わたしがここで考えているのは、なにも経済的な条件に対する投資だけではない。政策立案者と政治家は、異なった方法で投資することが必要である。すなわち、彼らにとって必要なのは、自らの政策と戦略が民主主義とシティズンシップに対する若者の考え方に影響を及ぼすということを非常に注意深く考えることである。たとえば、もし教育に対する政府の関心が少数の学問的な教科におけるテストの点数と成績だけにあるように見える事実を、若者が学習したとしたらどうするのか。もし、政府が、富裕層が人生において成功する機会をより多く与えられるような教育制度を支持しているという事実を、若者が学習したらどうするのか。そして、雇用、貧困、劣悪な住宅の経験は、これらの条件のもとで生活する若者にどのように影響を与えるのか。日常生活においで学ばれるべき強力な「シティズンシップのレッスン」が存在する。それが意味するのは、教育の責任というものが、シティズンシップの教授の効果的な制度が実践される地点で終わるものではありえず、実際、終わらないということである。教育の責任は、若者のシティズンシップの条件そのものへと拡張されることになる。というのも、その条件が、民主的な市民とはなにを意味するのかを学習する文脈を決定づけるからである。

最後に、シティズンシップの教授から民主主義の学習への移行は、シティズンシップ教育それ自体にとって重要な示唆をもっている。一つの示唆は、シティズンシップの定義に関する問いが、シティズンシップ教育の外側におかれるべきではなく、シティズンシップ教育とはなにかという問題の一部であり部分であるべきだという点である。「よきシティズンシップ」を構成するのは、政治家と教育学者によって定義され、単に若者に達成するのを目指すように設定されるものではない。このことは、シティズンシップ教育がシティズンシップの可能な意味の探究についてであるべきだということを意味しているのではない。もし、民主主義の学習が若者の生活に位置づけられているとすれば、シティズンシップ教育は、若者が自分のシティズンシップを限定的で制限されていると結論づけることになったとしても、若者のシティズンシップを取り巻く実際の条件について批判的に検証することを促すべきなのである。そのようなアプローチは、シティズンシップの授業が達成しうるもの以上に、民主的なシティズンシップについてはるかに深く理解し関与する基礎を提供するものとなる。

第二章　カリキュラム・シティズンシップ・民主主義

　前章で、近年の教育、民主主義、シティズンシップの関係についての思想がその展望において非常に個人主義的であるということを強調した。このことは、政治家や政策立案者がシティズンシップの問題をまずなによりも個人の問題であり、個人の姿勢と態度の問題であると考える傾向があることに反映されているだけではない。それは、子どもと若者をよき貢献する市民へと変えることに焦点をあわせる教育的な試みにおいても顕著に見られるものである。わたしは、このアプローチ――「地位としてのシティズンシップ」と特徴づけた構想――の基礎となる民主的なシティズンシップの構想についてと、問題となっている教育の見解――「結果としてのシティズンシップ」の理念において捉えられることがら――についての両面から、こうした考え方がもついくつかの欠陥を指摘してきた。こうした背景に対して、わたしは、研究、政策、実践において、シティズンシップを教えることとから、子どもと若者が自らの日常生活において構成する実践とプロセスへのかかわりを通して民主主義を学習する方法へと移行することを擁護してきた。この見解は、「実践としてのシティズンシップ」の理念に裏打ちされたものであり、若者の民主的な市民形成へと向かうシティズンシップの実際の条件の重要な役割を強調するものである。シティズンシップを教えることは若者の民主的な学習に対してなんらかの役割を果たすかもしれないけれども、その学習は、子どもと若者が行為し存在する民主的な方法と、市民としての地位について日常生活のなかで経験することがらによって、つねに媒介されるのである。そして、その経験というのは、いつも肯定的なものばかりだとは限らないのである。

この章では、近年のスコットランドの展開について精査することによって、シティズンシップ教育の理論と実践の分析を続けたいと思う。イングランドのナショナル・カリキュラムにおけるシティズンシップの導入は多くの注目を集めてきた一方で、スコットランドについてはほとんど知られていない。スコットランドの事例に焦点をおく理由は、シティズンシップを教科として追加したイングランドとは異なり、新しいスコットランドのナショナル・カリキュラムでは、シティズンシップをすべての年齢の子どもと若者のすべての教育活動に浸透するべき四つの能力の一つとして捉えているからである。スコットランドの『卓越性のためのカリキュラム』におけるシティズンシップのアプローチは、教えることについてはわずかしか割かれていない一方で、民主的なシティズンシップの形成にとって重要な経験について多くのことが記述されている。このことは、子どもと若者が民主主義を学習する仕方に接近した教育実践を導く可能性をもっている。一方で、その多くは、スコットランドのカリキュラムに導入するシティズンシップと民主主義の見解に依存することにもなる。この章では、スコットランドの『卓越性のためのカリキュラム』におけるシティズンシップと民主主義の見解に対する批判的な分析をしようと思う。それは、これまでになされた選択を強調するためだけでなく、スコットランドにおける統合的に埋め込まれたアプローチのいくつかの限界を示すためでもある。

責任あるシティズンシップ

スコットランドの『卓越性のためのカリキュラム』は、すべての子どもと若者が発達させるべき四つの能力の一つとして、「責任あるシティズンシップ」をリストにあげている。二〇〇四年の『卓越性のためのカリキュラム』の記述において、当時のスコットランドの教育若者大臣と副大臣によって序文に入れられた「わたしたちの願い」には、「すべての子どもが成功した学習者、自信をもった個人、責任ある市民、社会に対する効果的な貢献者としての能力を発達させる」と記されている（SE, 2004, p.3）。『卓越性のためのカリキュラム』は、三歳から一八歳までのすべての教育に導入されるカリキュラム・デザインの価値に力を得ながら、目的を概説し、原理を明確化することによって、この願いに向けた全体的な枠組みを提供している。文書では、責任ある市民というのは、「他者に対する尊敬」と「政治的、経済的、社会的、文化的な生活に責任をもって参加するかかわり」をもち、「世界とそのなかのスコットランドの位置についての知識と理解を発達させ、異なる信念と文化を理解し、知識にもとづく選択と決定をおこない、環境、科学、技術の問題を評価し、複雑な問題に対して知識にもとづいた倫理的な視点を発達させる」ことができる個人として記述されている（ibid., p.12）。

スコットランドは、教育のアジェンダに実際にシティズンシップを取り入れるのが他国と比較して遅かったと言われるが（Andrews & Mycock, 2007を参照）、その試みにおいてもユニークなものではなかった。しかしながら、とくにスコットランドがシティズンシップを独立した教科にすることを選択しなかったという事実と、『卓越性のためのカリキュラム』がシティズンシップを「能力」として記述している事実において、スコットランドの試みとアプローチは固有の側面をもっており、それらはさらなる探究を正当化するものである。これは、スコットランドのシティズンシップに向けた教育のなかで採用されているアプローチの特定の性質をよりよく理解するのを助けるだけでなく、特定のアプローチの長所と短所に光をあてることでもある。したがって、この章のおもな目的は、『卓越性のためのカリキュラム』の文脈において示されているシティズンシップ教育の構想を分析し特徴づけ、この構想を教育、シティズンシップ、民主主義についての広範な学術研究のなかに位置づけることである。これは、スコットランドのアプローチを形作っている前提について調査し、そこでおこなわれている選択を強調することを可能にする。結局のところ、『卓越性のためのカリキュラム』の文脈において追究されているシティズンシップの視点は、中立的なものでも不可避的なものでもない。それは、「ただそうである」(Ross & Munn, 2008, p.270) というようなものではなく、民主的なシティズンシップとシティズンシップ教育の構想の利用可能なスペクトルのなかで特定の位置をあらわしているに過ぎないのである。

スコットランドにおけるシティズンシップに向けた教育

シティズンシップの発達に向けた教育の役割についてはつねに注意が払われてきたけれども、――たとえば、一九六二年からの現代化のカリキュラムは、時事問題と政治的リテラシーの発達を含んでいた (Andrews & Mycock, 2007, p.74 を参照) ――一九九九年のスコットランド議会の設立の結果、この分野は新たな推進力を獲得することになった。早くも、スコットランドの高官は、スコットランドの学校における五つの国家の優先事項を発表した。第四の優先事項は、価値とシティズンシップに焦点をあわせる点で、「イングランドの展開」に追従するものであったが、それは「『シティズンシップ教育』よりも、すくなくとも『シティズンシップに向けた教育』を強調することで、スコットランド特有の解釈をともなうものであった」(Blee & McClosky, 2003, p.3. シティズンシップに向けた教育と、シティズンシップとしての教育の違いについては、Mannion, 2003 を参照)。一九九九年に、スコットランドの高官とスコットランド・カリキュラム諮問委員会(今日のスコットランド学習教授委員会)は、シティズンシップに向けた教育に焦点化するワーキンググループを設立した。ワーキンググループは、二〇〇〇年に議論と協議の報告書を提出し（LTS, 2000）、二〇〇二年には詳細な報告書「議論と発展に向けて」を提出した（LTS, 2002）。当時の教育若者大臣は、二〇〇二年の報告書を「三歳から一八歳までのシティズンシップに向けた教育についての国家の枠組みの基礎」（LTS, 2002, p.2）として支持し、それを「ローカルなニーズと環境に適応する方法として採用し使用する」（ibid.）と称賛した。二〇〇三年に教育監査委員会は、学校のシティズンシップに向けた教育の準備の質と効率性への評価の支援を意図して報告書の補論を刊行した（HMIE, 2003）。二〇〇四年に、スコットランドの高官は、すでに言及したように、三歳から一八歳までのカリキュラムの四つの目的の一つとして責任あるシティズンシップの能力（SE, 2004, p.12）を示す『卓越性のためのカリキュラム』を刊行した（SE, 2004）。二〇〇六年には、教育監査委員会は、スコットランドの学校とプリスクールでのシティズンシップのための教育に関する現行の実践の「ポートレート」を刊行した（HMIE, 2006a）。それは、スコットランドのカレッジにおける、シティズンシップに向けた教育の準備に関する同様の報告書に追従するものであった（HMIE, 2006b）。

わたしは、このリストのなかで、二〇〇二年のスコットランド学習教授委員会の報告書『スコットランドのシティズンシップに向けた教育――議論と発展に向けた報告書』がもっとも重要な刊行物だと考えている。というのも、それはシティズンシップとはなんであり、シティズンシップの能力の発達に貢献することができる教育とはどのようなものであるかを量においてもっとも詳細に記述しているだけでなく、この分野のさらなる発展に向けた公式の枠組みとなり、『卓越性のためのカリキュラム』でのシティズンシップの位置づけに明確な影響を与えたからである。だが、教育監査委員会の貢献もまた重要である。はっきりとしているのは、スコットランドのシティズンシップに向けた教育というのが、ある特定の貢献によってではなく、むしろ広範な結果によって推進されているということである。そのため、教育監査委員会は、規定されたカリキュラムが実施されたかどうかを調査することが職務として求められる場合以上に、教育実践に対して、はるかに強力な影響力をもつことになった。というのも、委員会は、結果について多くの異なる作用の質を判断する必要があったからである。このことは、今度は、報告書を枠づける教育監査委員会の特定の解釈の重要性を強調するものとなる。報告書『卓越性のためのカリキュラム』は、これらすべてにおいて中心的な位置を占めている。それは、二〇〇二年のシティズンシップに向けた教育の報告書に比べて、シティズンシップについてあまり詳しく書かれてはいない。というのも、それは教育に関するすべての目的と結果を含まなければならなかったからである。にもかかわらず、先行する報告書に見られた特定の解釈の仕方は、三歳から一八歳までのスコットランドの教育の枠組みを形成する役割を担った点で重要である。では、二〇〇二年の報告書『シティズンシップに向けた教育』におけるシティズンシップとシティズンシップに向けた教育の特定の視点とはなにか。それは、卓越性のためのカリキュラムと教育監査委員会の報告書と活動において、どのように取り上げられて発展したのだろうか。

報告書『シティズンシップに向けた教育』の序文は、その中心的な理念について、「若者が政治的、経済的、社会的、文化的な生活に思慮深く責任ある参加を発達させることができること」と要約している（LTS, 2002, p.3)。これは、四つの側面の発達に依存すると述べられている。すなわち、「知識と理解、スキルとコンピテンス、価値と性向、創造性と企業家的気質」である（ibid.)。それは、次の二つの「中心的なテーマ」に関係している。第一に、「若者は活動的な市民になることによって、シティズンシップについてもっともよく学習する」という考え方である（ibid.)。このことは、学校が、アクティブ・シティズンシップが「すべての若者に、責任を引き受け選択を実行する機会を提供することによって」奨励される種類の社会のモデルとなることを要求する（ibid.)。第二に、シティズンシップの能力の発達は、「若者がローカル、ナショナル、グローバルなコミュニティにおいて活動的で責任あるメンバーであることを動機づけるような方法で促進されるべきだ」というものである（ibid.)。

要するに、これらの文章は、わたしがスコットランドのシティズンシップに向けた教育のアプローチに関する四つの決定的な特徴として考えるものを表現している。第一に、シティズンシップというものが、ある特定の知識、スキル、性向にもとづく能力やケイパビリティとして記述され、個人の責任と選択の観点から理解される事実に例証されるように、アプローチにおいて強い個人主義の傾向をもっていることである。第二は、アプローチが政治的、経済的、社会的、文化的な生活を包摂するシティズンシップの領域の広範な構想にもとづいていることである。第三は、アクティブ・シティズンシップとしてのシティズンシップの訓練、およびシティズンシップが実際にシティズンシップの活動にかかわることを通して学習される方法の両方に関して、活動が強調されていることである。第四は、シティズンシップの訓練と発達にとっての適切な環境と設定として、コミュニティ（の理念）が大いに強調されていることである。ここでは、最初の二つの特徴を詳細に論じた後、他の二つについても簡単な意見を述べようと思う。

個人主義

シティズンシップとシティズンシップ教育に関する個人主義的な捉え方は、二〇〇二年の報告書『シティズンシップに向けた教育』において明確に示されている。そのことは、報告書が「コミュニティの活動的で責任あるメンバーとして生活するように若者を教育するのに学校と他の教育機関が中心的な役割を果たす」（LTS, 2002, p.6）と述べ、シティズンシップをまずなによりも自己責任として捉える考え方を繰り返し表現していることにはっきりと見て取ることができる。報告書は、シティズンシップの責任をシティズンシップの権利の結果として描いている。シティズンシップは、「権利を享受し、責任を行使することに」かかわるものであり、それらは「多くの点で相互的なものである」（ibid., p.8）。報告書は、若者が「受動的な市民であるよりも、今日の市民として」見なされなければならないと強調している。その理念は、子どもが「生まれながらにしてさまざまな権利をもっている」（ibid.）と宣言した『国連子どもの権利条約』に結びついている。個人主義の傾向は、

「政治的、経済的、社会的、文化的な生活に思慮深く責任ある参加のためのケイパビリティを発達させることを目的とする」シティズンシップ教育の全体目標において明確に示されている。ケイパビリティとは、「『中核的なスキル』を含め、一般的な知識とコンピテンスの範囲や、さまざまな個人の質と性向における知識と理解」(ibid., p.11)に根差していると考えられる能力のことである。報告書は、たとえば、「能力のある市民」を、知識とスキルを所有するだけでなく、「決定し、必要な場合には、行動する知識とスキルを使用することができ、それを喜んでおこなう」人びとであると論じることによって、シティズンシップのための必要条件と十分条件の区別をほのめかしているように思われる(ibid., p.11)。同様に、「効果的なシティズンシップ」には、活動的であるための能力と性向だけでなく、「行動し、なにかを起こすことができる」ことが必要だと述べられている(ibid.)。したがって、シティズンシップに必要なケイパビリティは、社会的、経済的、文化的、政治的なものを含め、多くのリテラシーに依存するとされている(ibid.を参照)。この依存によってわかるのは、「効果的なシティズンシップ」はシティズンシップに向けた教育の可能性についてのよくある考え方にしたがっている、ということである。その考え方とは、すなわち、教育はシティズンシップにとっての(なんらかの)必要条件に取り組むことになるが、それ自体としては、効果的に従事するシティズンシップの発達にとって十分条件にはならない、というものである。このことは、「学校教育の貢献」が、たとえば、「親、世話人、メディア、コミュニティを基盤とした学習の機会」など、「学校教育以外の影響と平行し相互作用するという観点から考えられる必要がある」ことの理由である

(ibid., pp.9–10)。

二〇〇二年の報告書『シティズンシップに向けた教育』は、個人の側面あるいは属性としてどれも考えられる四つの関連した結果の観点からシティズンシップのケイパビリティを分析している。知識と理解は、「適切な知識、批判的な評価、証拠にもとづくバランスのとれた解釈についての意見、見解、決定の必要性」に関係している (ibid., p.12)。知識のある聡明な市民は、「人びとが直面する経済的、倫理的、社会的な問題とジレンマ」に気づいていて、「政治的、社会的、経済的な理念と現象に関するなんらかの知識をもっている」(ibid., p.12) のである。

シティズンシップに向けた教育は、「コミュニティにおいて責任感のある効果的な参加者になるために、自尊心、自信、イニシアティブ、決意、感情の成熟など、さまざまな個人の特性とともに発達する必要のある」広範囲のスキルとコンピテンスの発達をともなうものである (ibid., p.13)。スキルをもち能力があるということは、「エンパワーされていると感じ、自分の積極的な行動の可能性を認識し評価すること」を意味している (ibid.)。

シティズンシップに向けた教育の価値と性向というのは、「政治的、経済的、社会的、文化的な生活の一部と部分である思慮深い価値と価値判断を認識し反応する能力の発達」をともなうものでもある (ibid., p.13)。教育はまた、「自己、他者、環境に対する尊敬とケアの価値に根差した多くの個人の質と性向」を促進し、「社会的責任の感覚」を促進することができる (ibid., p.13)。

「効果的な市民」であることはまた、「政治的、経済的、社会的、文化的な生活において創造的に思考し行動し」、「社会に対する参加のアプローチにおいて進取的である」能力を獲得することを必要とする（ibid., p.14）。

最後に、報告書は、四つの結果が孤立して発達するのではないことを示すために、「効果的で目的をもったシティズンシップの核心にある統合的な能力」の発達が必要であると述べている（ibid., p.14）。

これらすべては、個人の責任と能力としての個人とシティズンシップに対する強調――さらに「人びとへの尊敬とケアと社会と環境の責任の感覚」（ibid., p.11）といった価値観の発達への強調に示されるもの――をあらわしている。一方で、二〇〇二年の報告書『シティズンシップに向けた教育』には、それとは異なる方向性を示す、他の側面も存在している。ここでもっとも重要な文章は、「地位、知識、スキルにかかわらず、すべての個人がシティズンシップの権利と責任を共通して保持する一方で、シティズンシップの有効性はさまざまに異なる程度で行使されるかもしれないことは明白である」（ibid., p.9）という認識が示されている一文である。この多様性は、個人的な環境と社会的な環境の両方に由来している。ここで、報告書が言及するのは、たとえば、住居がないことである。住居がないことは、「貧困と他の不利益の形態」が効果的なシティズンシップの能力に影響するかもしれないのと同様に、シティズンシップを行使することから（若い）人びとを妨害するかもしれない要素である。報告書は、「シティズンシップの権利と責任が十分に理解され、若者が現代社会において市民として効果的に機能するのに必要なケイパビリティを発達させ」、「そうしたことがらを可能にする構造が提供される」（ibid.: 著者による強調）のは、個人と社会全体の両方の利益においてであると結論づけている。これは、二〇〇二年の報告書『シティズンシップに向けた教育』では、――シティズンシップの責任が個人でなく、国家にあると示唆する――シティズンシップの構造的な次元の可能性が考慮されるいくつかの場所のうちの一つであった。しかし、報告書の一般的な主旨は、個人についてのものであり、彼あるいは彼女の行為と責任について述べることであった。

一連の考え方は、報告書『卓越性のためのカリキュラム』において、三歳から一八歳までのカリキュラムがすべての子どもと若者の発達を促すべき四つの能力の一つとして「責任あるシティズンシップ」を入れたことで継承された（SE, 2004, p.12）。『卓越性のためのカリキュラム』は、教育を性格づけるに違いない価値について明確であり率直である。これが報告書の読者に思い起こさせるのは、「スコットランド議会の職杖に刻まれた（中略）知識、正義、共感、誠実」といった言葉であり、それらが「わたしたちの民主主義の価値を定義するのを助けてきた」（ibid., p.11）という事実である。それゆえ、「若者がスコットランド社会の基礎となる価値を認識し、社会正義と自己責任と集合的責任の問題にかかわる自身の立場を確立するのを助けることが教育の主要な目的の一つ」として理解されるのである（ibid.）。したがって、若者は、「これらの価値について学習し、またそれらを発達させることが必要となる」（ibid.）。カリキュラムは、これを達成するために、「個人と国家の権利と責任を強調すべきであり」、「若者が多様な文化と信念を理解し、自らと他者への関心、寛容、ケアを発達させるのを支援すべきであり」、「熟慮された判断と倫理的な行為へのかかわりを促進すべきであり」、「若者に、社会に対する価値のある貢献を果たす自信、属性、ケイパビリティを提供すべきである」(ibid.)。『卓越性のためのカリキュラム』の報告書は、シティズンシップがもつ状況と切り離せない特質とわたしたちが呼ぶものを認めるけれども、価値を基盤とするシティズンシップの記述、すなわち責任ある参加に対する責任、尊敬、コミットメントという表現、それに加えてこうした表現が能力を基盤とする教育の構想に埋め込まれているという事実は、すべて、シティズンシップとシティズンシップ教育の構想における強い個人主義の傾向を強調している。

二〇〇六年の教育監査委員会の刊行物『シティズンシップに向けた教育』(HMIE, 2006a) のもっとも重要な側面は、二〇〇二年の『シティズンシップに向けた教育』の議論と協議報告書を『卓越性のためのカリキュラム』の枠組みに結びつけたことにある。その結果、シティズンシップとシティズンシップ教育についての視点は、二つの報告書のケースが基盤にしている以上に、はるかに強く個人主義的なものとなった。なぜなら、まずなによりも、『卓越性のためのカリキュラム』の枠組みにおける他の三つの能力——自信をもった個人、効果的な貢献者、成功した学習者——を、責任あるシティズンシップの能力の発達にとっての前提か、あるいはすくなくとも重要な部分であると教育監査委員会の報告書が論じたからである (ibid., p.1を参照)。第二に、教育監査委員会の報告書が、その本性からして個人主義に「結びついた」シティズンシップのスキルに傑出した地位を与えたからである。そのスキルは、教育監査委員会の報告書『スコットランドのカレッジにおけるシティズンシップ』では、さらに中心的な位置におかれることになる (HMIE, 2006b)。第三に、教育監査委員会の報告書が、シティズンシップに向けた教育を価値教育の形態として表現し（HMIE, 2006a, p.3を参照）、この文脈において、政治的、社会的、環境的、精神的な価値を含む個人の価値の発達の重要性を強調しているからである（ibid.を参照）。最後に、報告書は、シティズンシップに向けた教育が「生きるスキル」の発達に結びつくことで、「学習者に批判的で自立的に思考する人になることを可能にしなければならない」と強調している（ibid.）。したがって、この報告書において提示されているアプローチの枠組みは、個人と、個人の属性、スキル、価値に多くの焦点をあわせているのである。ただし、このことは、報告書が、シティズンシップについて、これらの側面にだけ注目しているということを示しているのではない。また、「全体構想」と「効果的な実践の事例」では、子どもと若者が、自らの学習と、生徒会、学校のエートスの重要性、コミュニティと自発的な組織、グローバルな問題への注目の文脈の両方において、意思決定にかかわり参加することとして議論が展開されている。さらに報告書では、シティズンシップを学習する重要な機会を提供するものとして、環境保護問題とエコ・スクール計画についても強調されている。

シティズンシップの領域

個人の責任ある行為にもとづく能力としてのシティズンシップの構想は明らかに個人主義的であり、知識、スキル、性向に対する教育的な努力の強調は個人と、個人主義の特性と属性に多くの焦点をあてているけれども、スコットランドのアプローチでは、シティズンシップの領域の経験的な学習の必要性を強調することによって緩和されてもいる。二〇〇二年の『シティズンシップに向けた教育』をはじめ、すべての報告書は、シティズンシップを学習する最良の方法が「経験と他者との相互作用を通して」おこなわれるということに賛同している（LTS, 2002, p.10）。「要するに、シティズンシップについての学習は、活動的な市民であることによってもっともよく達成されるのである」（ibid.）。この考え方は、報告書で示されているアプローチが「『シティズンシップ教育』と呼ばれる新しい教科の創造をともなわないこと」のおもな理由の一つである（ibid., p.16）。その代わりに、報告書は、「シティズンシップに向けた教育に対して、それぞれの若者がもつ権利は、学校の日々の生活において設定される学習経験、個々のカリキュラム分野、越境的なカリキュラムの経験、ローカルなコミュニティに結びついた活動の組み合わせを通して保障されるものである」という見解をとっている（ibid.）。したがって、シティズンシップに向けた教育のエートスは、明らかに「活動的」で「参加的なもの」であり、「活動的なコミットメント」の機会を基盤とするものである（ibid.）。さらに、若者が「受動的な市民であるよりも、今日の市民として」（ibid., p.8）見なされなければならないという考え方によって支持される、この見解は、重要な問題を提起するものである。その問題とは、シティズンシップの学習にとって重要なものと考えられるコミュニティと活動の種類についてである。言い換えれば、シティズンシップの領域、すなわちシティズンシップに向けた教育とシティズンシップの学習の領域とされるものはなにかという問題である。

第一に留意すべきことがらは、ほとんどの報告書がシティズンシップの領域を広範な視点から提示していることである。二〇〇二年の報告書『シティズンシップに向けた教育』において、シティズンシップに向けた教育の全体的な目的は、「政治的、経済的、社会的、文化的な生活に対する思慮深く責任ある参加」を促すことにあると定義されている（LTS, 2002, p.11; p.3, p.5も参照）。『卓越性のためのカリキュラム』においても同様の表現が使われている。そこでは、責任ある市民は、「政治的、経済的、社会的、文化的な生活に責任をもって参加すること」を当然のこととする個人のことである（SE, 2004, p.12）。これは、教育監査委員会の報告書（HMIE, 2006a）においても、シティズンシップに向けた教育の目的が「社会における政治的、社会的、経済的、文化的、教育的な参加に向けて若者を準備すること」と定義されることで繰り返し示されている（ibid., p.2）。他のいくつかの報告書は、シティズンシップの領域の構想において環境問題を含んでいるが、教育監査委員会の報告書は、政治的、社会的、環境的な価値と並んで精神的な価値を、シティズンシップに向けた教育が促すことを探るべき一連の価値として言及している。そのような言及は、本章で紹介した報告書のなかで唯一のものである。それにもかかわらず、この議論においては、宗教に対する言及は根本的に欠落している。

シティズンシップの領域の広範な構想が、二〇〇二年の報告書『シティズンシップに向けた教育』の執筆者たちの代わりに表しているのは、明確な選択である。報告書は、すべての人びとが「ローカルからグローバルへと至る場所のコミュニティと、共通の関心と目的に根差した関心のコミュニティの両方」を含む、さまざまな種類のコミュニティに属しているという前提から出発する（LTS, 2002, p.8）。この背景に対して、シティズンシップは、「これらのさまざまな種類のコミュニティにおける権利と責任の享受」を含むと述べられている（ibid.）。報告書は、こうしたシティズンシップの見解には、「民主的な国家のメンバーによる政治参加という、はっきりとした理念が含まれ」ており、また「明らかにすべてが政治的なものではないが、コミュニティの福祉に影響する、参加活動の幅のあるシティズンシップの一般的な考え」が含まれていると付け加えている（ibid.）。後者のタイプのシティズンシップの例は、「地域住民による防犯活動、ＰＴＡ、市民社会への一般的な関与など、ローカルな問題に対する個人的な関与やボランティア活動」を含んでいる（ibid.）。

シティズンシップの領域を明確に表現するのに重要なことは、シティズンシップというものが、政治的なプロセスへの参加を含んでいるが、それだけに限定されてはいないと認識することである。スコットランドのアプローチは、わたしたちがもっぱらシティズンシップの政治的な構想と呼ぶものの以上に、社会的な構想と呼ぶものを基盤にしている。社会的な構想は、シティズンシップを、人びとの生活を構成する多くのコミュニティの成員資格と関心の観点から理解する。スコットランドのアプローチは、シティズンシップにかかわるより狭い政治的な領域を含みながら、さらに市民社会へと拡張され、潜在的にはどんなコミュニティをも含んでいる。それゆえ、「活動的で責任あるシティズンシップ」というのは、「コミュニティに所属し機能する感覚をもちあわせた個人」に関係するとされるのである（ibid., p.9）。このことが提起するのは、スコットランドのシティズンシップの構想における政治的な次元がもつ役割とは実際にはどのようなものかという問題である。この問題は、集合的な意思決定の（民主的な）質の問題にシティズンシップが結びついている程度に関係するだけではなく、市民間の関係、市民と国家の関係、市民に対する国家の一般的な役割の問題にも関係する。このポイントにおいてこそ、報告書が分岐しはじめるのである。

二〇〇二年の報告書『シティズンシップに向けた教育』では、シティズンシップに向けた教育の政治的な次元とその合理的な根拠がはっきりと示されている。シティズンシップに向けた教育の必要性が、「スコットランド議会の台頭」に明確に結びつけられている。そこでは、スコットランド議会は、スコットランドで生活する人びとが「民主的なプロセスについて理解し参加すること」の重要性に「斬新なかたちで焦点をあてる」ことを促した（ibid., p.6）、と記されている。ここで、シティズンシップは民主的な社会の正常な活動に関係し、シティズンシップに向けた教育は「社会からの不満と不関与」についての懸念に関連するものとなる（ibid.）。したがって、教育は、「現代の民主的な社会のメンバーがアイデンティティと帰属に対する明確な感覚をもち、彼らのコミュニティに効果的に参加するようエンパワーされていると感じ、自らの役割と責任をグローバルな市民として認識することを促進する重要な役割をもつ」と結論づけている（ibid., p.7）。シティズンシップに向けた教育の必要性はまた、「民主的な参加についての健全で活気のある文化」（ibid., p.9）の発展に結びつけられている。この文脈のなかで、報告書が強調するのは、「異なる集団間の個人によって権利と責任の認識がときおり衝突する」（ibid., p.8）ために、シティズンシップに向けた教育は若者が「効果的に対立をあつかう戦略を発達させる」のを支援しなければならないことを理解する必要性である（ibid., p.9)。これは、明らかに「交渉、妥協、コミュニティと環境の全体的な健康に対する対立の影響への意識、人びとの間の差異に対する熟知された尊敬の発達」である（ibid., p.9)。

シティズンシップの政治的な次元の意識はまた、シティズンシップに向けた教育の「知識と理解」の次元の記述においても明白である。これは、「民主的な社会を根底で支える権利と責任、すなわち社会と環境の変化を呼び起こす個人と自発的な集団の機会、そのような努力が基盤にする価値、（中略）対立の原因とそれを解決するアプローチの可能性、対立というのは社会において普通のことであり、ときには恩恵のある結果をもたらすという認識」についての「知識と理解」を含むものである（ibid., p.12)。「価値と性向」の結果は、「政治的、経済的、社会的、環境的な問題についての熟知した合理的な意見を発達させる」性向と、「社会正義というものがそれ自体論争的なものであるということを重視しながら、社会正義について理解し価値づける」性向について記述している（ibid., p.14)。報告書が「実践におけるシティズンシップに向けた効果的な教育」(ibid., pp.16-31）について論じはじめるやいなや、シティズンシップの政治的な次元への強調は、コミュニティの範囲での（政治的で民主的な実践とプロセスの文脈においては必然的でもなく明らかでもない）社会的相互作用の包括的で参加的なあり方に結びついたシティズンシップの構想に取って代わられる。したがって、シティズンシップは、政治的な次元と目的の大部分が欠如しているように思われる環境のプロジェクトとコミュニティ・サービスへの活動的なコミットメント——「よき行為」としてのシティズンシップの形態――へと方向を転換しはじめるのである。二〇〇二年の報告書『シティズンシップに向けた教育』は、シティズンシップの政治的な構想から、社会的な構想へと移行している。政治的なものを含むが、社会的なものへと拡張するシティズンシップの構想の包括的な選択については明瞭である。けれども、なぜコミュニティへの参加、よき行為、そしてある意味で従順に貢献する市民というものが、シティズンシップを構成するのか、もっと正確には、よき理想的なシティズンシップを構成するのか、ということの合理的な根拠については明瞭ではないのである。

『卓越性のためのカリキュラム』の報告書は、『シティズンシップに向けた教育』よりも短く、はるかに一般的なものである。それは、これまでに示してきたように、シティズンシップについての問題をより広い政治的な文脈のなかにおいている。けれども、責任あるシティズンシップにかかわる能力の明確な表現は、明らかに政治的、民主的な次元を欠落させており、シティズンシップの幅広い領域（一端を政治的なもの、もう一端を社会的なものとする領域）のスペクトルのなかでももっぱら社会的なものの一端において提起されているに過ぎない。責任ある市民というのは、「他者への尊敬」と「政治的、経済的、社会的、文化的な生活に対する責任ある参加へのコミットメント」をもった個人として、また「世界とそのなかのスコットランドの場所に対する知識と理解を発達させ」、さまざまな信念と文化を理解し、熟知した選択と決定をおこない、環境的、科学的、技術的な問題について評価し、複雑な問題に対して熟知した倫理的な視点を発達させることができる個人として描かれている（SE, 2004, p.12)。

教育監査委員会の報告書『シティズンシップに向けた教育』では、社会的な方向づけはさらに顕著である（HMIE, 2006a）。そのなかでは、民主的な決定、スコットランド若者議会、「社会正義と人権」といった問題についていくらかの言及がなされているものの、シティズンシップは、もっぱら社会全般との関係で、学校レベルでの生徒の意思決定への参加の強調として描かれ、より広いコミュニティについてはほとんど描かれていないのである。このことは、教育監査委員会の観点では、学校がもっとも重要で傑出したシティズンシップの領域であり、活動的な関与と参加の「様式」がもっとも重要なシティズンシップの様式だと考えられていることをあらわしている。もっとも欠落しているのは、シティズンシップの「範囲」の視点と、重要な学習プロセスが理解され描かれる仕方の視点の両面において、シティズンシップを政治的な領域につなげることである。このように、教育監査委員会は、シティズンシップの社会的な次元を強調し、シティズンシップのスペクトルのうちの社会的なものの一端にはるかに多くの焦点をあてている。

アクティブ・シティズンシップ

シティズンシップの社会的な次元と、参加と活動的な関与に対する強調は、シティズンシップの知識と性向の発達にとって重要でないわけではないし、シティズンシップの社会的な次元に対する強調は、市民社会の維持管理のためには確かに重要であるが、それらの側面だけを独占的に強調することは、効果的な政治的行為と変化に対する自己責任の限界を含めて、シティズンシップの政治的な次元が見えないままとなり、子どもと若者にとって達成不可能なものになる危険を抱えている。言い換えれば、シティズンシップが脱政治化され、その結果、生徒は直接的な関心と責任を超えた方法において、効果的な政治的行為をおこなうのに十分なエンパワメントを与えられない危険を抱えることになる。また、活動とアクティブ・シティズンシップに対する大きな強調という、スコットランドのアプローチの第三の側面についても、同様の危険が潜んでいる。一方で、アクティブ・シティズンシップの理念は、シティズンシップとはなんであり、なにをともなうのかについての理解と、シティズンシップの学習の両面において、重要で意義のあるものである。前の章で論じたように、若者の生活において生じるもっとも重要なシティズンシップの学習は、彼らの実際の経験とシティズンシップの実際の「状況」から起こる学習である。学校の内外を主導する生活の一部であるこれらの経験は、若者にとって本当のシティズンシップのカリキュラムを構成すると言われている。それは、若者の生活のすべての側面において、民主的な行為と意思決定にかかわる積極的な経験の機会を提供する決定的な重要性を示している。この点において、わたしは、「若者は活動的な市民になることによって、シティズンシップについてもっともよく学習する」という、二〇〇二年の『シティズンシップに向けた教育』の報告書に示された主張に完全に同意する。だが、ここで重要なのは、若者のアクティブ・シティズンシップというものが実際になにを必要とするのかという問題である。

すでに前節で論じたように、これはシティズンシップの活動が行使される領域に部分的に依存している。けれども、それは活動の性質にも依存する。この点で、前章で論じたように、アクティブ・シティズンシップの理念が一九八〇年代と九〇年代初頭の保守党政権において、福祉国家の条件下では政府の責任であったものを市民が自身でおこなうようにするために導入されたという特殊な歴史を見失わないことが重要である。アクティブ・シティズンシップに反対して論じることは難しい一方で、活動の性質と活動が行使される領域について正確に認識することが重要である。アクティブ・シティズンシップは、それ自体、シティズンシップのスペクトルの社会的なものの一端か、あるいは政治的なものの一端において作用する。したがって、それは、政治化と政治的なリテラシーの発達に貢献するか、あるいは基本的に政治とは無関係で無関心になるかのどちらかである。それゆえ、シティズンシップの領域についての異なる視点を考慮すれば、スコットランドの文脈において、アクティブ・シティズンシップがどれほど政治的か、そしてどれほど可能なものなのかということは完全には明確ではないのである。それにもかかわらず、アクティブ・シティズンシップの形態は、シティズンシップのスペクトルの社会的なものの一端へと向けられている傾向があるように思われる。

コミュニティ

シティズンシップとシティズンシップに向けた教育に対するスコットランドのアプローチの第四の最後の特徴は、コミュニティを強調している点にある。それが重要なのは、おそらく二〇〇二年の『シティズンシップに向けた教育』の報告書で、単数形の「コミュニティ」という言葉が七六回も使われ、複数形の「コミュニティ」という言葉が三二回も使われたからである。一方で、「民主的」という言葉は九回使われただけで、「民主主義」の言葉は一回しか登場しない。二〇〇二年の報告書『シティズンシップに向けた教育』は、すでに論じたように、「学校と他の教育機関が若者を生涯にわたりコミュニティの活動的で責任あるメンバーとなるように教育するのに中心的な役割を果たす」(LTS, 2002, p.6) と言及することからはじまる。ここで提起したいポイントは、シティズンシップが、(ローカルで、ときおり、グローバルでもある) コミュニティとの関係で描かれているという事実についてではなく、報告書のなかで考えられているコミュニティの特定のあり方に関してである。すべての報告書において、「コミュニティ」は、問題のない概念として、そして概して積極的な概念として使われている。報告書は、若者とコミュニティについても記述している。そこでは、コミュニティがなんであるかは明白であり、コミュニティにおいて、若者の成員資格は当然のものであると示唆されている。だが、重要なのは、実際にコミュニティを構成するのはなんであり、社会的コミュニティと文化的コミュニティと政治的コミュニティの間にある相違はなにかという問題である。

わたしの他の著書でも詳しく論じたように（Biesta, 2004c; 2006）、コミュニティという言葉は、同質性、共通性、アイデンティティの視点から考えられる傾向がある。このことは、文化的コミュニティについてはとくに当てはまり、社会的コミュニティについても程度は低いもののおそらく当てはまるかもしれない。それは、コミュニティについて報告書が述べなければならないことがらのほとんどにおいて暗示されるコミュニティの構想であるように思われる。しかし、文化的コミュニティと社会的コミュニティが共通性と同質性の意味を強くあらわす一方で、それらの意味内容は、わたしたちが政治的コミュニティということで理解すべき仕方ではない。ある人――そして、多くの政治哲学者――は、この点を論じている。すなわち、政治の目的、さらに特定すると民主主義政治の目的というのは、なんらかの方法で複数性の事実に対処することであり、つまりは、社会の中の個人がよき生活について異なる考え方、異なる価値、なにが重要かについて異なる理念をもっている事実に対処することだということである。したがって、究極的には、政治的コミュニティというのは、複数性と差異によって特徴づけられるコミュニティであり（Biesta, 2004cを参照）、まさにここに、政治と「政治的な存在」（Biesta, 2010b）の困難があるのである。シティズンシップの領域の議論で示してきたように、とくに二〇〇二年の『シティズンシップに向けた教育』の最初の箇所をはじめとする報告書では、政治的コミュニティと政治的存在――もっとも明確なのは権利と責任の理解にかかわる複数性の認識である（LTS, 2002, pp.8–9を参照）――についての特定の性質に関してなにかしら意識されている一方で、コミュニティに関する支配的な構想は同質性としてのコミュニティの構想になっている（同様の結論として以下を参照。Ross & Munn, 2008）。繰り返すと、シティズンシップと教育に対するスコットランドのアプローチは、シティズンシップのスペクトルの政治的な一端であるよりも、社会的な一端として作用していると結論づけることができる。

どのような種類の市民か？　どのような種類の民主主義か？

前節で、わたしは、過去十年間にスコットランドで展開されてきたシティズンシップとシティズンシップ教育にかかわる特定の見方を特徴づけようとした。わたしが本節で取り上げたい問題は、このアプローチのなかで採用されている、あるいは示唆されている選択についてである。結局のところ、シティズンシップの理念は、それ自体、論争の余地があるものであり、教育がシティズンシップを支持し、支持することができる方法についての見解も、論争の余地が残されたものである。このことが提起する問題は、どのような種類のシティズンシップが、提案、枠組み、調査報告書において表現されているのか、そしてこれとの関係で、どのような種類の民主主義の構想がその結果――それゆえに本章のタイトルとして――追究されるのか、という問題である。これをおこなうために、シティズンシップとシティズンシップ教育にかかわるこれまでの文献をもとにスコットランドの構想を描写することにしよう。ただし、そうする前に、シティズンシップに向けたスコットランドの教育の報告書を表現する哲学的あるいは経験的な文献の調査がきわめて少ないということを述べておきたい。したがって、著者に知的な刺激を与えたものがなにかを知ることは、規範的な方向づけの観点でも、その主張の経験的な基盤の観点でも、きわめて困難である。確かに、広い政治的なスペクトルとイデオロギーのスペクトルを超えて、支持を獲得することができるシティズンシップに向けた教育の枠組みを考え出すのは簡単なことではない。これが、報告書に、規範的な方向づけと政治的な選択が、しばしば、言わずとも必然的に示されている理由である。それにもかかわらず、実際になされなければならない選択というものがある。それは、シティズンシップと民主的な生活それ自体の質に向けた教育実践と結果に対する重要な意味についての選択である。

スコットランドのアプローチを明確にするために、ジョエル・ウエストハイマーとジョセフ・カーネによって展開された枠組みを利用することにしたい。それは、彼らがアメリカにおける民主的なシティズンシップの促進のための教育プログラムの分析から展開したものである（Westheimer & Kahne, 2004）。ウエストハイマーとカーネは、「どのような種類の市民が効果的で民主的な社会を支援するのに必要か」という問題に対する応答として発見したシティズンシップを三つのヴィジョンに区別している（ibid., p.239）。すなわち、彼らは、自己責任にもとづく市民、参加的な市民、正義に方向づけられた市民の三つについて言及している。ウエストハイマーとカーネは、これらのシティズンシップに関するヴィジョンのそれぞれが「比較的明確な理論目標とカリキュラムの目標の一式」を反映していると主張する（ibid., p.241）。彼らは、これらのヴィジョンが累積的ではないということを強調する。「正義に方向づけられた市民を促進するプログラムは、自己責任や参加的なシティズンシップを必ずしも促進するものとは限らない」（ibid.）。では、これらのシティズンシップのヴィジョンのそれぞれを特徴づけるものはなんであろうか。

自己責任にもとづく市民は、「たとえば、ごみを拾い、献血をおこない、リサイクルをし、法律にしたがい、負債を抱えないようにすることによって、彼または彼女のコミュニティで責任をもって行動する」。自己責任にもとづく市民は、無料の炊き出し食堂であれ、シニアセンターであれ、求められれば食料や衣服の寄付に貢献し、恵まれない人たちを自発的に支援しようとする。「自己責任にもとづく市民の発達を探索するプログラムは、誠実、完全性、自己修養、努力を強調することによって、人格と自己責任を形成しようとする」（ibid., p.241）。

参加的な市民というのは、「市民的なことがらと、地域、州、国家のレベルでコミュニティの社会生活に活動的に参加する人びとのことである。（中略）このヴィジョンの提唱者は、生徒に対して、集合的でコミュニティを基盤とした努力への従事を準備するように強調する。参加的な市民の発達を支援するようにデザインされた教育プログラムは、政府とコミュニティを基盤とした組織がどのように作用するかを教え、困窮している人びとをケアするか、あるいは、たとえば学校政策を導くかという、組織的奮闘の案を練り、それに参加するように訓練することに焦点をあわせている。そのような集合的な試みに関連づけられるスキル――どのように会合を運営するかといった――もまた、重要なものと見なされる。（中略）参加的なシティズンシップの提唱者は、市民の参加が特定のコミュニティの問題や機会を超えると論じる。それは、関係、共通理解、信頼、集合的なかかわりを発達させ、（それゆえに）政治的領域についてのより広範な考えを採用する」(ibid., pp.241-242)。

正義に方向づけられたシティズンシップ——一般的に、追究されることがもっとも少ない視点(ibid., p.242)——は、「効果的な民主的な市民が社会的、経済的、政治的な力の相互作用を分析し理解する機会を必要とする」という主張にもとづいている(ibid.)。ウエストハイマーとカーネは、このアプローチについて、その提唱者たちが「不正の問題と社会正義を追究する重要性」に対して明確な注意を払うので、「正義に方向づけられた」という呼び方をしている(ibid.)。「正義に方向づけられた市民のヴィジョンは、コミュニティの生活と問題に関連した集合的な働きを強調する点で、参加的な市民のヴィジョンと共通している。しかしながら、社会問題と構造的批判への対応に焦点をあわせることは、生徒に対して（彼らがそう求めるように）社会問題と不正を批判的に分析し対処するように準備することとはいくらか異なるものである。（中略）このようなプログラムは、慈善とボランティアの必要性をそれ自体の目標として強調することが少なくなり、社会の動向について教え、どのように組織の変化を引き起こすかを教えるようになる」(ibid.)。

ウエストハイマーとカーネは、三つのアプローチの違いを次のように要約している。「参加的な市民というのが食料の寄付を組織することであり、自己責任にもとづく市民が食料を寄付することだとすれば、正義に方向づけられた市民というのは、なぜ人びとが空腹なのかを問い、彼らが発見したことがらをもとに行動することである」(ibid.)。

正義に方向づけられたシティズンシップの促進を目指す教育者たちは、自己責任あるいは参加的なシティズンシップを強調する教育者たちよりも、政治問題を明示化するアプローチを採用するであろうが、ウエストハイマーとカーネは、「社会変革と社会正義に対する注目は特定の政治的な展望、結論、プライオリティの強調を意味しない」と主張している(ibid., pp.242-243)。彼らは、「社会構造についての固定的な真実あるいは批判の一式を与える」ことを目指すのではなく、むしろ「生徒が、不正に挑戦し、そしてできれば問題の根本的な原因をあつかう変革の集合的な戦略について考えるようにしたいと願っている」(ibid., p.243)。民主主義の観点からすれば、根本的に重要なのは、「専門家による証拠、政治指導者の分析、所定の集団あるいは個々のリーダーたちの特定の選好を考慮に入れながら、さまざま市民の声とプライオリティ」を尊重するプロセスである(ibid.)。このように、「生徒はさまざまな意見と議論を熟慮することを学習しなければならず」、「異なる見解をもった人たちとコミュニケーションをはかり、そこから学習する能力」を発達させなければならない(ibid.)。

このことを背景にして、スコットランドのシティズンシップに向けた教育のアプローチを見るとき、そこに三つすべての方向の要素があることは明白である。それは、すでに示してきたように、二〇〇二年の報告書『シティズンシップに向けた教育』においてとりわけ顕著である。わたしたちは、この報告書においてすでに、それ以後の報告書では明確に取り上げられる——もっともはっきりとしているのは教育監査委員会の報告書『シティズンシップに向けた教育』であるが——自己責任の強調への移行を確認することができる。わたしが提案したいのは、この分析によって、スコットランドのアプローチを性格づけているシティズンシップの構想がおもに自己責任にもとづく市民であることが明らかになるということである。報告書では、参加に対する強調も見られる。これはシティズンシップの構想をより参加的なアプローチへと移行させるけれども、わたしは、それらは追究されるシティズンシップの構想の中心であるよりも、おもにシティズンシップの促進を目指す教育プロセスに対するアプローチとの関係で理解したいと思う。言い換えれば、報告書において、シティズンシップの構想とシティズンシップ教育の構想を区別することが重要である。わたしが提案したいのは、生徒がどのように市民になることができるかという重要な次元で参加が提示されるなかで、シティズンシップの構想が自己責任にもとづく市民へと方向が転換していることである。もちろん、これはすべて白か黒かというものではないが、わたしが願うのは、この結論を保証するべく、報告書についての詳細な解釈を提供することである。

ウエストハイマーとカーネが示したカテゴリーにもとづいてスコットランドのアプローチを描くことによって、本章で分析した報告書において提示される特定の位置をよりよく理解することが可能となる。言い換えれば、スコットランドのアプローチというのは、ある特定の選択をあらわしており、それ以外のオプションもありうると考えることが可能となる。そして、これが、スコットランドにおけるシティズンシップに向けた教育として想起される仕方について主張されうるすべてのことだと論じる人もいる。しかし、さらなる問題というのは、スコットランドのアプローチで示される選択というのは「最良」の選択なのかという問いである。この問いに応答することはすべて、シティズンシップに向けた教育がどのように機能し、またもっとも重要なことに、どのような方法で、そしてどれだけの範囲で、シティズンシップに向けた教育が社会の特定の――民主的な――環境設定に貢献するのかに依存している。この点で、わたしは、ウエストハイマーとカーネによって表明された懸念について簡単に論じることにしたい。それは、シティズンシップのモデルにかかわる第一の構想についてであり、実際にもっとも普及しているとされる自己責任にもとづく市民の構想についてである（ibid., p.243）。

ウエストハイマーとカーネは、シティズンシップにおける自己責任の強調が「民主的な市民を教育する挑戦に対する不適切な反応」であることを明らかにしている（ibid.）。自己責任にもとづく市民という考えに対する批判者は、「個人の人格と行動に対する過度な強調が、集合的、公共的なセクターのイニシアティブの必要性を不明瞭なものにし、社会問題の原因分析と組織的な解決から注意をそらし」、「ボランタリズムと親切が政治と政策を回避する方法として前面におかれるようになる」と指摘してきた（ibid.）。ウエストハイマーとカーネが考える主要な問題というのは、だれも「若者が嘘をつき、騙し、盗みをはたらくことを望んでいない」点で、自己責任にもとづく市民という考えにおいて示される価値観は「民主主義の目標とは相容れない」ということにある（ibid.）。「広く受け入れられている目標――誠実やよき隣人の促進など――でさえも、民主主義にとって本来的なものではない（ibid. 強調は原文のまま）。異なる見方をすれば、自己責任にもとづく市民との関係でリストにあげられている価値と性向の多くは「コミュニティのなかで生活する人びとにとって望ましい特性であり、（中略）それらは民主的なシティズンシップについてのものではない」（ibid.）。そして、もっと強力なことに、「これらの人格的な特性が他の重要な民主主義のプライオリティを損ねる限り、それは民主的な参加と変革を可能にするというよりも、実際にはむしろそれを妨げるかもしれない」ということである（ibid.）。そうした主張を裏づけるために、ウエストハイマーとカーネは、一八歳から二四歳までの有権者のうち一九九六年の大統領選挙では三二％以下しか投票していないのに対し、「一五歳から二四歳までの人たちのうち、驚異的にも九四％が『わたしが市民としてできるもっとも重要なことは他の人たちに手を貸すことである』と信じている」ということを見いだした研究について報告している（ibid.）。したがって、本当の意味で、「若者は、シティズンシップが民主的な政府、政治、集合的な努力さえも必要としないということを『学習している』ように思われるのである」（ibid.）。

結論

このように、主要な問題というのは、――この点についてては、すでに暗示してきたが――自己責任、個人の力と能力、個人の価値、性向、態度への過度な強調が、シティズンシップをおもに個人と社会の現象として考えることによって、それを脱政治化する危険があるということだけではない。このことが危険なのは、若者が個人の政治的な行為の機会と限界の両方を理解し、本当の変革——既存の構造の中で作用するよりも、構造そのものに影響を与える変革——というのは国家を含めた他の機関からの集合的な行為とイニシアティブを必要とするものだと意識するような政治的なアクターとして十分にエンパワーされていないことである。ウエストハイマーとカーネをもう一度引用すると、自己責任にもとづくシティズンシップの個人主義的な構想は、「共同的な責任や、（中略）政府の政策が社会問題の解決を前進させたり妨害したりすることについて」問題を提起することは滅多になく、それゆえに、「社会の動向や、社会を改善する努力にかかわる政府の政策についての重要な影響」を無視する傾向がある（ibid., p.244）。したがって、「社会的、政治的、経済的な文脈」の分析から離れて、自己責任にもとづくシティズンシップを過度に強調することは、「民主主義を前進させるには不適切」である。「自己責任にもとづくシティズンシップについて本来的に民主的なものはなにもなく」、おそらくもっと重要なことに、「非民主的な実践というのは、ときに、もっぱら自己責任の考えに依存するプログラムに関連づけられるものでさえあるのである」（ibid., p.248）。

したがって、これが、自己責任と個人の特性、価値、性向に過度に焦点をあわせるシティズンシップとシティズンシップ教育の構想にともなう危険である。スコットランドのアプローチは明らかに一元的なものではなく、教育実践において起こることがらはより広範な可能性のスペクトルを含むものであるけれども、教育におけるシティズンシップと、教育を通したシティズンシップを理解し促進する利用可能な枠組みは、自己責任を超えて民主的なシティズンシップを位置づける、シティズンシップの政治的な次元と政治的なリテラシーの形態の向上に向けた関心を喚起し、それにより多くの注意を払うことを必要としている。そのようなアプローチは、本章で提案してきたように、シティズンシップについての特定の構想、すなわちより政治的な構想を示唆することになる。しかし、それは特定の政党にかかわる政治的選択を要請するのではない。この点で、シティズンシップは、より広い社会的・政治的行為と、単に活動的で献身的で責任ある市民以上のものを要求する民主主義の見解に明白に結びついた見解のもとで、シティズンシップに向けた教育の広範なコンセンサス（一致）を打ち立てることができるのである。

第三章　ヨーロッパのシティズンシップと高等教育

シティズンシップとシティズンシップ教育に関する多くの議論が国民国家の範囲の内側で展開されていることを考えれば、ヨーロッパ連合（EU）の発展は、新しい局面を加えることになる。この章では、ヨーロッパの高等教育の政策と研究に焦点をあてて、ヨーロッパ・シティズンシップ（EU市民権）という理念の広がりについて述べる。このことは、これらの議論と発展の特定の特徴を強調するだけではなく、シティズンシップ、教育、生涯学習に関する国家と国家を超えた考えが集中しているところを示すことでもある。ヨーロッパの事例は、研究と政策が強く結びついた一例であり、この領域の研究に関する重要な問題を提起している。

ヨーロッパのシティズンシップ

ヨーロッパ・シティズンシップの理念は、すでに一九九二年のマーストリヒト条約に見られるが、ヨーロッパ・シティズンシップの形態と様態についての議論はなおも進行中である。これらの議論の中心にあるのは、ヨーロッパ・シティズンシップがどのようにあるべきなのかという規範的な問いと、EU内あるいはそれを横断するなかでアクチュアルに現れるシティズンシップに関する経験的な問いである。ここで鍵となる問いは、EUをどのように理解するのがもっとも適切なのか、というものである。すなわち、EUとは、経済的シティズンシップにもとづく問題解決の統合体なのか、政治的シティズンシップにもとづく権利を基礎とするポストナショナルな統合なのか、社会的・文化的シティズンシップを前提にした価値にもとづくコミュニティなのか、あるいはこれらの次元の組み合わせによって理解されるべきなのか、という問いである。

ヨーロッパ・シティズンシップの発展と向上にとって特定の問題は、シティズンシップが一般的には国家レベルで経験されていることにある。これは、国民国家が市民権の根源的な保証人であるからというだけではない。市民にとって、EUのように距離があり抽象的であるような関係よりも、ローカル、リージョナル、そしてある程度ナショナルなレベルで、民主的なプロセスと実践に同一化し、それらに参加する機会があることも理由である。このことは、EUの多くの住民にとって統合のインパクト――ポジティブとネガティブの両方――が経済領域において、たとえば、雇用、経済法、単一の通貨、地域開発との関連において経験されて以来、ヨーロッパ・シティズンシップが経済的な方針にそって独占的に発展してきた理由を部分的に説明している。歴史的に見れば、ここに、ヨーロッパ・シティズンシップの考えの起源を見いだすことができる。というのは、ヨーロッパ・シティズンシップという考え方は、経済的に活動する人びとの自由な移動の問題の文脈において、まず現れているからである。パリ条約（一九五一年）では、自由な移動は、ヨーロッパの石炭産業と鉄鋼産業の労働者に限られていた。ローマ条約（一九五七年）では、それはあらゆる労働者とサービスに拡大された。ついには、「EUのすみからすみまでの自由な移動と居住の」一般的権利に発展した。経済的な次元と比べると、社会文化的・政治的な次元は、あまり発展していない。社会文化的・政治的な次元とは、EU加盟国の居住者が、自らをヨーロッパ市民と見なし、あるまとまりのある民主的な統治形態としてのEUに同一化して、積極的に支えることとの広がりに関することである。ユーロバロメーター六九（Spring, 2008）によれば、たとえば、EUへの加盟がよいことであると考えている人は約半数を超えており（五二%）、自身の国が加盟したことから利益を得ていると考えている人は五四%、EUを信頼する傾向は五〇%（自身の国の議会を信用している者は三四%、自身の国の政府を信用している者は三二%）である。しかしながら、それぞれの加盟国間や各加盟国内のそれぞれの社会集団の間に、重要な違いが存在している。最近ではいくつかの指標が下方傾向にある（European Commission, June 2008 を参照）。

社会文化的・政治的な次元に関係するもっとも際立った政策的発展は、「アクティブ・シティズンシップ」(Benn, 2000; Wildermeersch, Storiibants & Bron, 2005 を参照)として知られるものの普及に見られるものである。公式なヨーロッパ政策のなかでアクティブ・シティズンシップという理念は、二〇〇〇年三月の欧州理事会のリスボン戦略の文脈において最初にあらわれた。そのなかで、EUの戦略的目標として、「よりよい職業をより多く創出し、社会的結束を強化したうえで、持続的な経済成長を達成しうる、世界中でもっとも競争力のある、ダイナミックな知識基盤経済」(Lisbon European Council, 2000) になることが掲げられた。「欧州生涯学習圏を実現する」議論のなかで、欧州委員会は、三つの主要な柱を促進した。その一つが「アクティブ・シティズンシップのための学習」である (European Commission, November 2001を参照)。ヨーロッパにおける教育・訓練制度の目標に関する追跡調査の詳細な研究計画のなかで (Education Council 2002)、欧州理事会は、リスボン戦略との関連で、一三の目標を設定した。目標一二・一三は、「アクティブ・シティズンシップ、平等な機会、社会的結束を支援すること」であった (De Weerd *et al.*, 2005, p.1を参照)。これにそって、多くの労力がアクティブ・シティズンシップを測定する指標と道具の発展に注がれ (Hoskins *et al.*, 2006; Hoskins *et al.*, 2008; Holford, 2008 を参照)、アクティブ・シティズンシップの考え方は、シティズンシップの発展に向けたEUのアプローチのなかで中心的な目標に位置づけられるようになった。

義務教育が、大部分において国家の優先事項に結びついたままである一方で (カリキュラムに、「ヨーロッパの次元」を含める努力がますます増大しているにもかかわらず)、高等教育は、国境とアジェンダを越えるセクターに急速に発展しつつある。高等教育の「ヨーロッパ化」は、部分的に、エラスムス・プログラム（二〇〇七年に二〇周年を記念した）のように長く形を変えながら続くプログラムの成果である。だが、ヨーロッパの高等教育の変化に対するおもな起動力は、欧州高等教育圏（Bologna Declaration, 1999）、欧州研究圏（European Commission, January 2000）、欧州生涯学習圏（European Commission, November 2001）の創立を意図した一連の政策的なイニシアティブにある。リスボン戦略は、これらのイニシアティブの裏側で主要な推進力になっている。経済的な要請がリスボン戦略の中心にあるにもかかわらず（第五章も参照）――そして、その要請は「成長と職業」に明確な焦点をあてた二〇〇五年のリスボン戦略の改定において、さらに中心的な位置を占めている――、政策立案者たちは、社会的結束とヨーロッパ・シティズンシップの問題に関して、高等教育の有する広範な可能性に気づいている（European Commission, 2003; 2005; 2006; London Communiqué, 2007を参照。Zgaga, 2007, pp.99-111も参照）。この可能性は、ヨーロッパの高等教育制度を代表する者たちによっても強調されている。彼らは、高等教育の役割を、知識経済のために次世代の労働者を育成するということだけでなく、国家やヨーロッパのレベルで、文化的、社会的、市民的な発展を促す責任を含むと強調している（EUA, 2002; 2003; 2005; Simons, Haverhals & Biesta, 2007を参照）。

このことが提起している問題は、どのような種類のシティズンシップがヨーロッパの高等教育を通して促進されるのか、ということであり、どのようなプロセスが――教育的であろうと別の方法であろうと――それに貢献するのか、ということである。言い換えれば、ヨーロッパ・シティズンシップの発展に対するヨーロッパの高等教育の特定の可能性とはなにか、という問題である。このように問うことは、非常にわかりやすい枠組みを提案する。この枠組みにおいて、どのような種類のシティズンシップがヨーロッパにとって望ましいかが明確になる。そのため、ヨーロッパの高等教育に関する唯一の問題は、この種類のシティズンシップの発展に貢献する特定のカリキュラムや教授法、課外活動に関係することになる。実際、政策や研究において、このようなかたちで問題を設定する傾向が強くある（たとえば、Fernández, 2005を参照）。もっと正確には、ヨーロッパの高等教育は、アクティブ・シティズンシップにとって必要なコンピテンスの発達にどのように貢献することができるのかを問う傾向である（Hoskins, D'Hombres & Campell, 2008; Hoskins & Mascherini, 2009を参照）。わたしは、次のようにこの枠組みを問題にしたい。一方で、シティズンシップの特定の構成や、民主主義の根底にある考えに関して、いくつかの批判的な問いを提起することによって、アクティブ・シティズンシップの理念に含まれるヘゲモニーに近いものに異議を申し立てることにしたい。他方で、市民コンピテンスの考えに含まれている政治教育と市民学習の構想を問題化することにしたい。わたしの意図は、この分野でなされているあらゆる仕事を棄却することにあるのではない。むしろ、シティズンシップと市民学習のある特定の構成に含まれている選択を問題として強調することにある。このことは、シティズンシップと市民学習に関する支配的な見解の限界を示し、オルタナティブな構成と環境設定を考えることを可能にするためでもある。次のところで詳細に論じるように、わたしは、三つの問題に関心をもっている。すなわち、（1）アクティブ・シティズンシップの考え方に見られる脱政治化傾向、(2)民主主義の構想の根底にあるコンセンサスへの強調、(3)シティズンシップ教育と市民学習を社会化の形式に回収すること、である。この問題が提起するのは、ヨーロッパの高等教育が、能力のある活動的な市民の生産に向けた社会化を進める媒体になるべきか、あるいは、ヨーロッパ・シティズンシップとのかかわりにおいて、高等教育に対する批判的役割を担うべきなのか、ということである。

アクティブ・シティズンシップとその限界

ヨーロッパ・シティズンシップの文脈にあらわれるおもな議論は、「アクティブ・シティズンシップ」に関することである。アクティブ・シティズンシップの鍵概念は、参加の概念である。「民主主義のためのアクティブ・シティズンシップ」(Hoskins, 2006)のプロジェクトで、民主主義のためのアクティブ・シティズンシップは、「相互の尊敬と非暴力によって、また人権と民主主義にそって特徴づけられた市民社会、コミュニティ、そして／あるいは政治生活への参加」(Hoskins, 2006; Hoskins *et al.*, 2006, p.10より引用)として定義された。ドゥ・ワートらは、アクティブ・シティズンシップを「政治参加、寛容さと非暴力によって特徴づけられた協同生活への参加、法の支配と人権の認識」(De Weerd *et al.*, 2005, p.1)として定義する。協同生活は、「メンバーシップと活動が自発的であるような家族と国家の間のあらゆる協会とネットワーク」(ibid.)にかかわっている。それゆえ、アクティブ・シティズンシップとは、なによりもまず市民社会への参加のことである（ibid.を参照）。ドゥ・ワートらは、EU政策によって推進されるべきアクティブ・シティズンシップの考えは、中立ではなく「寛容さ（と）非暴力」の価値と「法の支配と人権の認識」（De Weerd *et al.*, 2005, p.ii）によって特徴づけられる、と強調している。

ホスキンスらは、アクティブ・シティズンシップは「『市民の関与』と強くかかわっており、社会資本を形成することにおいてきわめて重要な役割を果たしている」というパトナムの主張を引用し、社会資本に関する広範囲にわたる議論のなかにアクティブ・シティズンシップの考えを位置づけている（Hoskins *et al.*, 2006, p.9）。ホスキンスらによれば、アクティブ・シティズンシップとは、「社会的価値の概念と部分的に重なり合う」ものであり、「家族の水平的ネットワーク、個々の家族、家族のネットワークを支える協同的な規範と価値」や「集団間の水平的関係と垂直的関係」など、おもにミクロレベルとメゾレベルに位置づけられる現象である（ibid., p.9）。アクティブ・シティズンシップは、明らかに政治的な次元に限定されていない。むしろ、「アクティブ・シティズンシップは、ローカル、リージョナル、ナショナル、ヨーロッパ、インターナショナルなレベルで、文化的・政治的な活動から環境保護活動の範囲にまで及ぶものであり、選挙、政党の党員資格、NGOなど伝統的な形態のみならず、一回限りの問題の政治や責任ある消費のように、非慣習的な形態をも含むものである」（ibid., p.11）。ホスキンスらによれば、アクティブ・シティズンシップの限界は、人びとの活動が「コミュニティを支えるべきであり、人権と法の支配の原理を破るべきではない」という「倫理的境界線によって設定されている」(ibid., p.11) ことにある。このことは、「不寛容と暴力を促進する過激な集団」への参加が「アクティブ・シティズンシップの定義に含まれるべきではない」ということを意味している (ibid.; Hoskins & Mascherini, 2009, p.462 を参照)。

アクティブ・シティズンシップを測定可能なものにするために、アクティブ・シティズンシップの指標の発展に関する仕事は、アクティブ・シティズンシップ合成指標 (ＡＣＣＩ) をまとめて構成するアクティブ・シティズンシップの四つの次元に焦点をあてている。すなわち、「政治生活、市民社会、コミュニティ生活への参加、アクティブ・シティズンシップに必要とされる価値 (人権、民主主義、異文化理解の重要性の認識)」である (Hoskins *et al.*, 2006, p.11)。政治生活への参加とは、「国会や政党の仕事 (党員資格、ボランティア、政党活動への参加と寄付金) における女性の代表、選挙への参加のように、国家と通常の代議制民主主義の領域にかかわること」である (ibid., p.12)。市民社会への参加は、「政治的で非政府的な行為」(ibid.) にかかわることである。この次元は、「抗議、人権団体、環境団体、労働組合組織」(ibid.) などの下位の次元をともなう、一八の指標を基盤にしている。コミュニティ生活への参加というのは、「明らかに政治的であることは少なく、コミュニティへ向けて組織されている活動――『コミュニティ意識が強い』あるいは『コミュニティ精神が強い』活動」(ibid.) ――にかかわるものである。コミュニティ生活の活動を市民社会への参加から区別するものは、前者が「仕組みを支援するコミュニティへと向けられる一方で、政治的行為や政府の説明責任にはあまり向けられていない」(ibid., p.13) ことである。この次元には、七つの下位の次元がある。すなわち、「非団体的な援助、宗教団体、ビジネス団体、スポーツ団体、文化団体、社会団体、PTA」(ibid.)である。それぞれのケースにおいて、指標は、メンバーシップ、参加、寄付金、ボランティアの働きに向けられている。価値のための指標は、民主主義、人権、異文化能力に分割されている (ibid., p.15を参照)。民主主義に関していえば、五つの指標は、市民にとって、投票すること、法を順守すること、自分の意見を発展させること、ボランティア団体で活動すること、政治に積極的にかかわることが、どれほど重要かについての意見に結びついている(ibid., p.15を参照)。

アクティブ・シティズンシップ合成指標の反復のなかに、抗議と社会変革、コミュニティ生活、代議制民主主義、民主主義の価値からなる、いくらか異なる指標のまとまりがある(Hoskins & Mascherini, 2009)。「代議制民主主義」は、「政治生活への参加」の少しだけ特別なバージョンである。というのも、それは「投票率、政党への参加、議会における女性代議士の登用」に焦点をあてるからである。「コミュニティ生活」は、アクティブ・シティズンシップ合成指標の初期のバージョンでは、「コミュニティ生活への参加」と同じ領域を含んでいる。「抗議と社会変革」は、「ものごとを改善する」あるいは「過ちを防ぐ」(ibid., p.465)ための活動――「合法的なデモへの参加、署名活動、不買運動、特定の商品の意図的な購入」(ibid.)のような項目も含む――を強調する「市民社会への参加」の側面を含んでいる。しかしまた、「抗議と社会変革」は、「政府の説明責任と肯定的な社会変革へ向かう働きをするような、市民社会によって組織される参加あるいはボランティア活動」(ibid.)にも言及している。「民主主義の価値」は、「価値のための指標」と同じ領域を含んでいる。

アクティブ・シティズンシップの指標の発達に関する仕事は、もっぱらEU全域での市民参加のレベルを測定するためにおこなわれているけれども、アクティブ・シティズンシップとはなにをあらわすのか、EU政策の文脈で、それがどのように考えられ、作用するのか、についてよりよく理解するための有益な情報源でもある。これによって、アクティブ・シティズンシップの考え方に含まれる特定の前提を特徴づけることが可能になる。すなわち、アクティブ・シティズンシップの理念において前面に据えられるシティズンシップの特定の考えに含まれているものと含まれていないものとをはっきりと区別することができるようになるのである。これに関して、わたしは、これらの文章で述べられているアクティブ・シティズンシップの考えが三つの方向で際立っていると提案したい。第一に、機能主義的な傾向である。第二に、集合的な活動や国家の責任よりも、個人の活動と責任に焦点をおくことに見られる個人主義的な傾向である。第三に、民主主義が、コンフリクト（衝突）よりも、コンセンサスにもとづくと考える傾向である。わたしは、他のことより特別に強調されているアクティブ・シティズンシップの考えのなかに、いま述べた三つの傾向が含まれていることを強調したい。このことは、下記で明らかにするように、アクティブ・シティズンシップのあらゆる状況で、他の側面がまったく存在しないということを意味しているのではない。

機能主義

まず、最初のポイントは次のことにある。アクティブ・シティズンシップの理念において表現されるシティズンシップの見解は、ホスキンス、ドームレス、キャンベルがそれを「安定した民主主義と社会統合にとって必要だと考えられる」（Hoskins, D'hombres & Campbell, 2008, p.389）ものと述べたような一連の活動を含意している。彼らが補足するところによれば、アクティブ・シティズンシップは、「行為と価値の観点から、個人レベルで記述されている」けれども、「この概念が強調するのは、個人のためではなく、民主主義、よき統治、社会的結束の継続を可能にするという観点から、どのような行為と価値が広範な社会に貢献することができるのかという点にある」（ibid.）。これは、アクティブ・シティズンシップが社会資本とは異なることの理由の一つである。というのも、アクティブ・シティズンシップを促進する理由は、なによりもまず「国家レベルで、民主的なものごと、人権、社会的善を保証すること」（Hoskins & Macherini, 2009, p.463）にあるからである。こうしたアクティブ・シティズンシップの構想は、「いわば個人の利益に焦点をあてることがはるかに少ない」（ibid.）。また、社会的結束の役割に関連して、アクティブ・シティズンシップの機能主義的な方向性が前面に出されている。ホスキンスとマシェリニは、「社会的結束のなかでの活動的な市民の役割というのは、市民社会の活動を通して平等と多様性の価値を維持することにかかわる力になると仮定することができる」（ibid.）と記している。しかしこのことが示している問題――またホスキンスとマシェリニによって示されていること――は、どの程度まで「抗議とアクティブ・シティズンシップの非慣習的な形態が社会的に結束した社会のなかで認められている」（ibid., pp.463-464. 強調は原文のまま）のか、ということである。機能主義者の傾向は、「コミュニティを支援する活動への参加」（ibid., p.465）に焦点をあてる「コミュニティ生活」の次元にはっきりと現れている。そこでは、コミュニティへの活動的な関与が、アクティブ・シティズンシップの指標として捉えられている。それゆえ、コミュニティの「内側」にいる存在は、コミュニティの「外側」にいる存在――もちろんある人が巻き込まれているコミュニティの種類は重要ではあるが――よりも、望ましいことと見なされる。このことは、アクティブ・シティズンシップの指標が、コミュニティ生活への参加とコミュニティ生活それ自体を根底で支えるべき特定の価値を明確に記すかたちで、なぜ価値の次元をもっているのかを示す理由である。

　これらのことは、アクティブ・シティズンシップが、非常に多くの社会的・政治的な秩序の「ニーズ」からシティズンシップの考え方に接近している、ということを示している。それは、特定の社会的・政治的な秩序を再生産するために、個人が準備する必要のある活動や「投資」の種類を明確に記している。言い換えれば、アクティブ・シティズンシップは、市民的権利についての議論よりも、シティズンシップの位置に関して、個人の義務と責任を強調している。もちろん、この二つは互いに補完的なものだと主張することもできるが、アクティブ・シティズンシップの考えが、おもにシティズンシップの「安定化」のある一面だけを強調しており、権利の次元についてはほとんど言及していない、ということを認識することは重要である。

このことに関連して、さらに二つのポイントがある。まず、シティズンシップの権利と、シティズンシップの義務と責任との間の関係が、互恵的なものと捉えられるべきだと主張されうることである。そのため、統治の構造と実践、法に対する市民の十分な（積極的）支援があるときにのみ、シティズンシップの権利が保証されると主張することができるようになる。しかし、このことは、シティズンシップの安定化の単なる一面だけを強調するよりも、シティズンシップの広い考えを支持する強固な理由を提供することになるだろう。忘れてはならないことは、アクティブ・シティズンシップの考え——すくなくとも、（第一章で論じたような）英米の文脈における考え——に見られる特定の政治的な歴史である。

個人主義

個人主義は、アクティブ・シティズンシップの第二の特徴を説明する手がかりになる。それは、個人の活動を強調する傾向、すなわち集合的な活動や国家の責任に焦点をあてるよりも、市民社会、社会生活、コミュニティ生活、政治生活に活動的に参加する個人の能力と意欲を強調する傾向に見られるものである。実際、ホスキンスとマシェリニは、アクティブ・シティズンシップが「個人の行為の検証に向けた移行」(Hoskins & Mascherini, 2009, p.461) を強調していると認めている。個人の貢献を強調する十分な根拠があるかもしれないけれども、シティズンシップの個人化というのは、もしそれが効果的な政治的行為の唯一の基礎になるとすれば、問題を含むものになる。このことは、ジークムント・バウマンが彼の著書『政治の発見』(Bauman, 1999) において強調したことである。同書で、バウマンは、ポストモダンあるいは「リキッド」モダン社会が失ったように見えるものは、「私的な関心事」が「公共的な問題」に翻訳されうる空間、場所、機会であると論じている (Bauman, 1999, p.2)。「私的な問題が意味ある方法で出会う」空間とは、「ナルシスティックな悦びあるいは公的表示を通した治療の探究を描くことではなく、個人的に苦しんだ悲惨さから個々人を力強く十分にひっぱりあげるような集合的に営まれる、てこを探し求めることにある」(ibid., p.3)。ここで重要なのは、次のような問題である。すなわち、アクティブ・シティズンシップは、つねに私的な動機から出発している——バウマンが「消費者主義」(ibid., p.4) と呼んだシティズンシップの形態のように——のか、あるいは、シティズンシップ、正確には、民主的なシティズンシップは、たとえ共通善が「自己の制限」(ibid.; Biesta, 2004a を参照) を要請するとしても、実際に共通善への関心によって動機づけられているのか、という問題である。言い換えれば、アクティブ・シティズンシップは参加を強調するけれども、その参加というのは、政治的なプロセスとして——私的な出来事を集合的な問題に翻訳することを含めた参加として——理解されているのか、あるいは、集合的な行為は個人の選好の集合体にほかならないというかたちで、消費者主義の用語で理解されているのか、という問題である。アクティブ・シティズンシップの理念の操作運用は、代議制民主主義と民主主義の価値に注意を払っているが、そのプロセスの内容に関してあまり述べておらず、参加に対する責任と動機をまずもって個人に位置づけている。

このことは、市民的行為の資源にかかわるアクティブ・シティズンシップの考え方における個人主義の傾向という、第二の問題に関連している。そもそも、市民的行為は、個人がおこなうべき、あるいはおこなうべきではないと決定することに、単に依存しているわけではない。市民的行為は、彼らが参加する機会に依存している。再び指標をみると、（公共の）交通機関へのアクセスが、市民が活動的に参加することのできる範囲に影響を与えることがわかる。しかしながら、ここで根本的な問題となるのは、社会――ヨーロッパ・シティズンシップの場合、EU全体である――は、アクティブ・シティズンシップに利用できる資源の構成を責任として捉えているのか、あるいは、このことは個人のイニシアティブに大部分依存するのか、という問いである。この問いは、成人教育の分野ではとくに重要である。というのも、成人教育は、歴史的に見れば、どのようにして構造的なプロセスが私的な問題と機会に影響を与えるのかに関する理解を発展させ、「私的な出来事」を「集合的な問題」に翻訳するための機会を提供する社会において、ある一定の位置を確保し続けてきたからである（たとえば、Martin, 2002; Fieldhouse, 1996を参照）。それゆえ、成人教育を支援することは、政治生活の質にとって決定的な副産物をともなう市民社会への重要な投資である。しかし、第五章と第六章で詳細に述べるように、多くの西側諸国において、成人教育は、その機能の一つだけに、すなわち、雇用能力あるいは「収入を得るための学習」だけに切り詰められている。成人教育の他の形態――とりわけ、潜在的な政治的意義と政治化の意義をともなうもの――は、それらの教育に投資する個人の意志に（ほとんど）完全に依存している。

アクティブ・シティズンシップの考えに含まれている機能主義者や個人主義者の傾向は、アクティブ・シティズンシップを、シティズンシップのスペクトルの政治的なものの一端よりも、社会的なものの一端に向けて位置づけている。このことは、（第二章で論じたように）シティズンシップが構想される方法や、スコットランドの『卓越性のためのカリキュラム』のアプローチへと強力に収斂される傾向を示している。シティズンシップの政治的な次元が認められている一方で、その多くは、コミュニティや社会のニーズに奉仕する活動に主眼をおいている。あまり強調されていないことは、集合的で政治的な熟慮、論争、行為に関するシティズンシップの考え方である。このことは、アクティブ・シティズンシップの考えが、シティズンシップそれ自体の考えをまさに脱政治化するリスクを冒す理由である。このリスクはまた、民主主義の根底にある構想にも現れている。

コンセンサスとしての民主主義

アクティブ・シティズンシップの理念の第三の特徴は、民主主義の根底にある考え方にかかわっている。アクティブ・シティズンシップの考えの内部にある傾向は、複数性、不和、コンフリクトという観点よりも、コンセンサスの観点から民主主義を捉えている。文書では、民主主義は、もっぱら価値にもとづく秩序として描かれている。アクティブ・シティズンシップは、市民社会、コミュニティそして／あるいは政治生活へのどのような参加でもよいというのではなく、「相互の尊敬と非暴力によって特徴づけられ、人権と民主主義と一致した」（Hoskins, 2006; Hoskins *et al.*, 2006, p.10より引用）参加のことである。これまでに見てきたように、ホスキンスが強調しているのは、アクティブ・シティズンシップの境界というのが、倫理的性質に関するものだということである。それは、人びとの活動が「コミュニティを支援すべきであり、人権の原則と法の支配を犯すべきではない」（ibid., p.11）ということを意味している。すなわち、活動的な市民とは、この秩序に同意し、その再生産に積極的に貢献する人びとのことである。

　一連の考え方は、民主主義にかかわるコンセンサスの考え方をほのめかしているように見える――ここで「ほのめかす」という理由は、アクティブ・シティズンシップの指標に関する文書は、民主主義の根底にある構想について、あまり述べていないからである。民主主義社会はある価値にもとづいており、シティズンシップはそれらの価値の支援を含むという考えは、一見するともっともなように見えるが、その価値の正当性について深刻な問題を含んでいる。これは、第一に政治哲学の問題であるが、それと同時に実践的問題でもある。とくに、民主主義秩序の「境界線」が変化していたり、争われていたりするときには、実践的問題なのである。この問題というのは、ホスキンスとマシェリニが、アクティブ・シティズンシップの抗議と非慣習的な形態が社会的に結束した社会のなかで、どの程度認められるのかと尋ねることによって、暗にほのめかしたことでもある。

第七章で詳細に論じるように、とりわけリベラルな政治哲学によって特徴づけられた研究の内部に、民主主義を合理的で道徳的な秩序として、すなわち「理想化された状態のなかですべての合理的な個人によって選択されるモデル」(Mouffe, 2005, p.121) として捉える強い傾向がある。この点で、民主主義秩序に挑む人はすべて、自動的に、合理性の反対側に、すなわち非合理的な人か、あるいは教育的視点がとられる場合には、前合理的な人かのどちらかに位置づけられることになる (Honig, 1993 参照)。同じように、もし民主主義秩序の正当性を道徳的観点――尊敬や寛容のように――から考えるならば、その秩序に挑む人びとは自動的に不道徳的と捉えられるだろう。このことは、容易に「われわれ」と「彼ら」の状況へと導き、特定の民主主義秩序に挑む人びとを「悪」と呼ぶことになる。民主主義秩序の外側にいる人びとをこのように位置づけることの実践的な損失の一つは、いかなる意味ある交流の共通基盤をもほとんど形成しないことである。このことは、シャンタル・ムフが次のように主張する理由の一つである。わたしたちは、道徳的観点あるいは自然的観点ではなく、厳密に政治的観点において民主主義秩序の境界線を理解するべきである。このことは、「内側」にいる人たちと「外側」にいる人たちとの異なる関係を認めるということだけではない――これは、ムフが初期の著作において発展させた一つのポイントである (Mouffe,1993 を参照)。それはまた、既存の民主主義秩序が――おそらく定義についてでさえ――理想的な秩序であると想定することよりも、民主主義秩序それ自体の境界線についての論争を認めることである。

このことは、ムフが境界線のない民主主義――あるいは、彼女が呼んでいるように「境界なき複数主義」(Mouffe, 2005, p.120) ――を主張しているという意味ではない。彼女は、「民主的な複数主義政治は、ある所与の社会において形成されたすべての要求を正統であると認めなければならない」(ibid.) と考えていない。彼女は、民主主義社会は「その基本的な制度を問題にする人びとを正統な敵対者として取りあつかうことができない」と主張する一方で、排除というものを「道徳的観点からではなく、政治的観点から」(ibid.) 考察するべきである、と強調する。このことは、いくつかの要求が排除されるのは、その要求が悪だからではなく、「それらが民主的で政治的な協同を構成する制度に挑むから」(ibid., p.121) だ、ということを意味している。しかしながら――この「しかしながら」というのは重要である――ムフにとって「これらの制度がもつ本性そのものが」論争の一部となる。このことは、「すべての人のための自由と平等に関する倫理=政治的価値についてのコンセンサス(一致)ではあるが、(ただし) その解釈についてのディセンサス(不一致)である」(ibid.) という「論争含みのコンセンサス」という概念でもって、彼女が考えていることである。「そうだとすれば、これらの価値を公然と拒否する人びとと、それらを受け入れつつ、解釈との論争のために闘う人びととの間に線が引かれる必要がある」(ibid.)。これらすべてのことが含意していることは、ムフにとって「民主主義の価値および制度へのわたしたちの忠誠は、それらを超えた合理性にもとづくものではない」ということであり、リベラル民主主義の原理は「わたしたちの生活形式を構成するものとしてのみ擁護される」(ibid.) のである。リベラル民主主義の原理は、普遍的な道徳性の現れではなく、完全に「倫理＝政治的なもの」（ibid.）である。

活動的な市民を超えて

これらの観察が明らかにしはじめているのは、EU内で追求されている――そして測定されている――アクティブ・シティズンシップの特定の理念に含意された明確な選択がある、ということだけではない。これらはまた、アクティブ・シティズンシップの異なる構想をも示唆する。すなわち、はるかに政治的で、政治化された構想であり、市民活動の焦点を、既存の民主主義秩序の再生産におくのではなく、自由、平等、民主主義についての異なる解釈や接合におく構想である。こうしたシティズンシップの形態は、既存の秩序に関してあまり機能的ではなく、厳密な意味で個人主義的な関心よりも、政治的で集合的な関心によって動かされており、自由と平等という民主主義の価値の異なる解釈と接続が現実的なオルタナティブに向かうという事実に気づいている。したがって、それは、民主的な援助の複数性の可能性を認めるシティズンシップの形態であるといえるだろう。このことは、ただ一つの広く行きわたっているヨーロッパ・シティズンシップの構想を目指すよりも、ムフが「特定の関心と伝統が価値あるものとして捉えられ、民主主義の多様でヴァナキュラーなモデルが受け入れられるような地域間の均衡」（ibid., p.129）として記述するものに貢献するだろう。このようなシティズンシップの形態は、疑いもなく活動的であるけれども、現在、支配的なアクティブ・シティズンシップの考え方によって規格化されているものよりも、さまざまな活動のあり方を示唆している。この点については、第七章で再び取り上げることにしよう。

市民コンピテンス

「アクティブ・シティズンシップ」の理念は、市民学習と政治教育についての特定の見解と密接にかかわっている。この見解の中心にあるのは、市民コンピテンスという考え方である。コンピテンスという考えは、リスボン戦略のすぐ後に続くEUの政策で登場した。もともと使用されていたのは「基礎的スキル」という用語だったが、ときがたち「コンピテンス」という用語に発展した。ライチェンは、スキルというものが「複雑なモーターを遂行する能力、そして/あるいは、簡単さと正確さをともなう認識的行為を遂行する能力と状況を変えるための適応性を示している」のに対し、コンピテンスは「認識的スキル、態度、他の非認識的構成要素を含む複雑な行為体系」にかかわる全体的な概念であると述べている（Rychen, 2004, pp.21–22）。このように、コンピテンスとは、「世界のなかで、すなわち特定の領域のなかで効果的に組み込まれた人間の行為を導く、知識、スキル、理解、価値、態度、欲望の複雑なコンビネーション」（Deakin Crick, 2008, p.313）に関するものである。多数のワーキンググループの活動は、『生涯学習のためのキー・コンピテンシー――ヨーロッパの準拠枠組み』の定式化を導いた。最終的に、このバージョンの一つは、二〇〇六年の欧州議会で採用された（European Council, 2006）。それは、次の八つのキー・コンピテンシーを提示した（Deakin Crick, 2008, p.312を参照）。すなわち、母語でのコミュニケーション、外国語でのコミュニケーション、数学的コンピテンスと科学技術コンピテンス、デジタル・コンピテンス、学び方の学習、社会コンピテンスと市民コンピテンス、イニシアティブと起業家としての活動センス、文化的意識と表現である。この枠組みのなかで、市民コンピテンスは、「社会的・政治的な概念と構造についての知識と、活動的で民主的な参加へのコミットメントを基盤にして、個人が市民生活への十分な参加を身につける」（Education Council, 2006; Hoskins, 2008, pp.328-329 からの引用）コンピテンスとして考えられている。

アクティブ・シティズンシップの測定に関する仕事と同じように、市民コンピテンスとそれを構成する次元の理解の方法について、もっとも詳細に提示しているのは、市民コンピテンスの測定に関する仕事である。最新の報告書「ヨーロッパの市民コンピテンスを測定する」（Hoskins *et al.*, 2008）のなかで、市民コンピテンスは、「個人が活動的な市民になるために必要とされる知識、スキル、態度、価値」（ibid., p.11; また pp.22-23 を参照）と、「個人が活動的な市民になるために求められる能力」（ibid., p.13）として定義されている。現在の議論にとって重要なのは、市民コンピテンスが、一連の学習の結果として理解されていることであり、「アクティブ・シティズンシップに求められる個人の学習の結果」（ibid., p.12）として理解されていることである。市民コンピテンスが「個人の適切な学習プロセスの結果」として特徴づけられる一方で、アクティブ・シティズンシップは市民コンピテンスの「社会的結果」に属することとして捉えられている（ibid., p.14を参照）。この報告書は、市民コンピテンスを、アクティブ・シティズンシップの十分条件ではなく、必要条件として捉えている印象を与える。たとえば、ホスキンスらは、「学習、市民コンピテンス、アクティブ・シティズンシップの理想的関係」について、「アクティブ・シティズンシップを駆動するような確かな市民コンピテンスを発達させる学習」というかたちで言い表している（ibid., p.13）。しかし、市民コンピテンスがアクティブ・シティズンシップに移行するのは、「理想的な世界において」のみである。というのも、それは「活動的な市民の能力を有する若者の参加を妨げる障害」（ibid.）になるかもしれないからである。

これまでの議論では、市民コンピテンスの獲得が、アクティブ・シティズンシップの発展にとって鍵となる「学習課題」として捉えられていることを明らかにした。市民コンピテンスから市民的行為への移行の成功を妨げる「障害」があるかもしれないけれども、この考えは、市民コンピテンスを構成する特別な知識、スキル、態度、価値の保持がなければ、どんなアクティブ・シティズンシップもその結果として生じることはないだろう、というものである。このように、市民コンピテンスとアクティブ・シティズンシップは、継ぎ目なく一貫している。だが、このことは、アクティブ・シティズンシップの考えに関連する問題は市民コンピテンスの考えに返ってくることも意味している。市民コンピテンスの獲得は、明らかに、アクティブ・シティズンシップの特定の「秩序」のなかに個人を「組み入れる」ことを意味している。それはまた、個人主義的でもある。市民コンピテンスの獲得として理解されている市民学習は、結局のところ、集合的な学習プロセスとして、すなわち集合的な政治化と政治的論争のプロセスとして描かれるのではなく、個人的な「達成」として描かれているのである。それは、個人を活動的な市民――すなわち、既存の政治秩序の再生産に貢献する市民――に変えるはずの特別な知識、スキル、態度、価値を個人が獲得することである。このことは、市民学習と政治教育の主体化モデルよりも、市民学習と政治教育の社会化モデルとわたしが呼ぶものを例証する（この区別については、第七章で論じることにしたい）。社会化モデルは、個人を既存の社会的・政治的な秩序に「組み入れる」ことに焦点をあてる――そして、市民学習と政治教育の目的をもっぱら既存の秩序の再生産の観点から捉える――が、主体化モデルは、政治的行為主体を支援し促進するような市民学習と政治教育の様式に関係している。したがって、重要なのは、市民コンピテンスの考えが、政治的行為主体と批判的シティズンシップを形成する市民学習の形態を認めるのか、あるいは、それはおもに、市民を飼いならし、彼あるいは彼女の政治的行為主体を特別な方向へ向けることを目的とするのか、という問題である。

どのような種類のシティズンシップがヨーロッパの高等教育に必要か？

この章では、ヨーロッパの高等教育のなかで、どのような種類のシティズンシップが促進されているか、という問いを探究した。そして、それを通して、どのようにしてヨーロッパの教育が本当にヨーロッパ・シティズンシップの発展に貢献するのか、という問いを探究した。わたしは、この問いに対して積極的で計画的な答えを提案するというよりむしろ、この問題を形作っていることがらを分析した。すなわち、高等教育は、個人が活動的な市民になるために必要なコンピテンスの獲得を支援するべきだ、という主張について分析した。わたしは、この考え方がヨーロッパのシティズンシップへの高等教育の貢献の問題に対する数多くの解答のなかで唯一の可能な解答ではないにもかかわらず、政策や研究のなかでは、ヨーロッパ・シティズンシップをアクティブ・シティズンシップとして定義し、アクティブ・シティズンシップに必要なコンピテンスの獲得という観点から、ヨーロッパ・シティズンシップの市民学習と政治学習を捉える強い傾向があると論じてきた。わたしは、これがシティズンシップと市民学習を接続する一つの可能なあり方に過ぎないと考えており、シティズンシップと学習の特定の枠組みに関連づけられたいくつかの問題を指摘してきた。これらの問題は、アクティブ・シティズンシップの考え方のなかにある脱政治化傾向に関係している。それは、民主主義の根底にある構想においてコンセンサスを過度に強調すること、そして、市民学習を、既存の社会的・政治的な秩序の再生産に向けた社会化の形態へと回収することにかかわるものである（さらに、これらの考え方と、前の章で論じたスコットランドの『卓越性のためのカリキュラム』におけるシティズンシップの理解を形成する考え方との間に、強力な一致が見られるのは興味深いことである）。この背景に対して、わたしは、社会的であるよりも、政治的であるシティズンシップの解釈について、すなわち個人の学習よりも、コンフリクトと論争の役割を認める集合的な学習であるシティズンシップの解釈について論じてきた。それは、既存の秩序の統合と再生産を目指すことよりも、政治秩序の特定の構成を問題にする政治的行為主体の形態を認めるシティズンシップの解釈である。この理念については、第七章で再び取り上げようと思う。根底にあるのは、シティズンシップを、なによりもまず公共的で政治的なアイデンティティとして捉えるべきであり、個人的で社会的なアイデンティティとして捉えるべきではない、という直観である。このことは、個人化とシティズンシップの「飼いならし」がシティズンシップと市民的行為を促進するよりも、その土台を削り取るリスクを冒している理由である。したがって、ヨーロッパの高等教育にとって一つのリアルな選択がある。それは、能力のある活動的な市民の（再）生産に向けて社会化する媒体となるのか、あるいは、ヨーロッパ・シティズンシップの批判的で政治的な形態へコミットメントをおこなう政治的行為と市民学習の様式を支えることを探し求めるのか、という選択である。

第四章　知識・民主主義・高等教育

前章では、シティズンシップの促進における高等教育の役割について、とりわけヨーロッパのシティズンシップの視点に照準をあわせて論じてきた。この章では、もう一度高等教育について考察を進めるけれども、今度は、社会における特定の機関としての高等教育がどのようにして民主化と民主的なシティズンシップに貢献しうるのかを問うかたちで、より一般的な観点から探ることにしたい。言い換えれば、わたしが興味をもっているのは、高等教育の市民的な役割と責任をどのように理解すべきか、という点である。世界の多くの国では、いわゆる知識経済に対する高等教育の貢献可能性が強調されている。それに対し、わたしは、社会における知識の民主化に対する高等教育の貢献可能性を強調するために、「知識民主主義」という考え方を導入することにしたい。

高等教育の市民的役割

ヨーロッパにおける高等教育の展望は、急速な変化の時代を経験している。多くの国で、高等教育のセクターは、経済的な推進力のもとにおかれている。そのことは、高等教育の主要な機能が高度なスキルをもった労働力と高度な質の科学的知識の生産を訓練することにあるという考え方に表現されている。ヨーロッパの政策立案者にとって、大学というのは、高度な質の知識の「生産・伝達・普及」を通して知識経済に貢献すべきだと考えられている（Simons, 2006, p.33を参照）。もちろん、高等教育は、つねに専門家教育と研究と開発に従事してきた。現代の状況についてなにが新しいかというと、大学が作用する文脈が変化しているということである。産業主義社会においては、知識の生産と経済との間接的な関係（その結びつきというのは科学知識と技術の産業への適用を通して整備されたものだが）が存在したけれども、ポスト産業主義社会においては、知識はそれ自体独自の経済的な力となる（Delanty, 2003を参照）。高等教育がグローバルな教育市場において商品になるという事実は、そのことを例証する一つに過ぎない。これらの展開の結果、高等教育は、ヨーロッパ経済の将来について議論するのに傑出した地位を獲得し、ヨーロッパの政策立案者の明確なターゲットとなるのである（Fredriksson, 2003を参照）。『欧州研究圏』（リスボン戦略二〇〇〇）や『欧州高等教育圏』（ボローニャ・プロセス）の創造といったイニシアティブは、ヨーロッパを、「よりよい職業をより多く創出し、社会的結束を強化したうえで、持続的な経済成長を達成しうる、世界中でもっとも競争力のある、ダイナミックな知識基盤経済」にする計画的な戦略の一部なのである(Presidency Conclusions, Lisbon European Council, 23/24 March 2000)。

高等教育の経済的な重要性について疑う理由はないけれども、大学の役割がその経済的機能によって疲弊させられるべきではないということを認識することも重要である。たとえば、大学というのは、いかなる功利主義的な要請からも解放されて、探究と研究に従事する場所であるべきだと論じる伝統がある。新自由主義の政策がますます将来の雇用可能性への投資としての大学教育を提示しているけれども、わたしたちは、高等教育に、なによりもまず自己充足感のために、すなわち大学の学位の交換価値よりも、その固有の価値のために従事している人たちがいることも忘れるべきではない。しかし、この章でわたしが関心を向ける問いとは、高等教育の経済的、科学的、個人的機能についてではなく、むしろ大学の市民的役割についてであり、すなわち民主主義社会におけるその特定の役割についてである。言い換えれば、わたしが関心を向けているのは、大学が民主的な生活と民主的なプロセスを可能にするであろう貢献についてである。この章の目的は、大学の役割、機能、未来において経済的なディスコースが傑出して増大している状況で、現代の大学がなおもそのような役割を果たしうる範囲を探究することである。もっと重要なこととして、わたしは、現代の大学が市民的役割をどのように遂行し、それを通して、民主化のプロセスにどのように貢献するのかについて考察することにしたい。

ここでは、現代の大学が「研究の独占」を主張し続けることはもはやできないということを論じることにしたい。というのも、今日、研究は大学以外の多くの場所でもおこなわれているからである。しかし大学は、その定義からして、研究活動と、おそらくもっと重要なことに、教授と学位授与力の両方を通して、「科学的」知識として重要な役割を依然としてもっているという事実において、ある種の「知識の独占」を主張し続けることができる。（ここでは「科学的」という言葉を、自然科学、社会科学、人文科学のすべてを含む言葉として、ドイツ語のwissenschaftlichに近い、広い意味で使っている。）しかし、大学の知識の独占という問題は、認識論的な観点から理解され正当化されるのが一般的である。このことは、民主的な社会における大学のある特定の役割——すなわち、専門家の役割——を認める一方で、わたしは、科学的知識の「生産・伝達・普及」の実践を理解するために異なる方法を提案したいと思う。この背景に対して、知識社会の考え方について、知識経済と呼ばれるものと知識民主主義と呼ばれるものの二つの解釈可能性があるということを論じることにしたい。わたしの結論は、大学の市民的役割が知識民主主義を引き起こし促進することにとりわけ関係すべきだということになるだろう。わたしはまず、大学の市民的役割についての理念を簡単に概観することからはじめよう。

高等教育と民主主義

高等教育が民主主義社会の維持と発展に対して役割を果たすという理念は新しいものではない。一九世紀初頭のドイツにおけるヴィルヘルム・フォン・フンボルトによる大学の発明は、ドイツの国民国家の発展や「啓蒙的な市民」の形成と密接に関係している（Haverhals, 2007も参照）。フンボルトは、「学問」のエートスに満たされた大学、すなわち「全体性の中の現実（実在）の把握」として理解される真理の追究に方向づけられたエートスを支持している（Simons, 2006, p.38）。フンボルトにとって、真理の追究は、学問への関心だけが理由にあるのではなかった。彼は、真理の発見に導くプロセスに接し参加することが学者と学生の両方に普遍的な合理性を啓発すると信じていた。したがって、彼は、真理の追究への参加はそれ自体教育のプロセスであると考えた。フンボルトは、大学というものが外部の介入から自由であるべきだと論じたが、そのことが大学をより広い社会的、政治的な関心から切り離す結果につながるとは考えなかった。彼は、真理の追究が個人、社会、国家、人類全体の啓蒙をもたらすと主張した（Simons, 2006, p.39を参照）。こうして、真理の追究というのは、個人の重要性と政治の重要性を同時に確保することを意味するようになる。

一〇〇年以上経過した後、シカゴ大学の第五代総長（一九二九〜一九四五年）を務めたロバート・メイナード・ハッチンスは、きわめて似たような理念を示した。高等教育の目的と形態を省みて、ハッチンスは、一般教育的、人間的なカリキュラム、すなわちすべての大学の学生を西洋文明の主要な知的達成へと導くカリキュラムを強力に支持した（Hatchins, 1936）。彼は、「西洋世界のもっとも偉大な著書と、人間の理性のプロセスのもっともよい例としての数学および読み書き、考え、話す技法から構成される学習課程」を基盤にした学部のカリキュラムを提唱した（Hutchins, 1936, p.38）。ハッチンスは、専門家が自身の専門以外のあらゆる分野から切り離されていると感じていた一方で、リベラル・アーツ・カレッジの経験が基本的な知性の共有経験を提供することができると信じていた。そのような教育は、知性の訓練を、つまりよき生活の認識と判断能力をもたらすものとされたのである。彼は、それらが民主的な生活において知識のある市民の参加にとって決定的な重要性をもつと考えたのである（Oelkers, 2005, pp.31-32 も参照）。

民主主義に対する高等教育の貢献はなによりもまず、啓蒙され知識がある批判的市民を教育することであるという理念は、民主的な社会における高等教育の役割に関する近年の議論においても傑出した役割を果たしている。そうした議論では、生徒が問いを立てることと、批判的な態度を伸ばしやすいカリキュラム、教育実践の重要性に強調点がおかれている（たとえば、Barnett, 1977; Rowland, 2003 を参照）。高等教育の貢献がとりわけある特定の批判的市民の「生産」にあると考える人もいれば、高等教育それ自体の変容の必要性を主張する人もいる。たとえばデランティは、大学が「単に社会の変化に対応するだけでなく、それを引き起こす公共的領域の重要な行為主体」となるために、専門家に独占された場所ではなく、公共的な場所になるべきだ、と考えている（Delanty,

2003, p.81; Delanty, 2001も参照)。ジルーは、高等教育が「批判的学習、倫理的熟慮、市民的関与にとっての重要な公共的領域として」機能しうるし、そうあるべきだと論じることによって、同様の見解を提示している（Giroux, 2003, p.196)。

　これらの提案を統合するのは、それらがある意味ではすべて規範的であるということである。それらはすべて、行為に関するある特定の方向性、すなわちある特定の教育とカリキュラムの「プログラム」を具体的に示している。それは、高等教育が市民的役割を果たすために実行される必要があるものである。そのような規範的なアプローチは民主主義と民主化に積極的な影響を与えるかもしれず、重要でないわけではないけれども、それらはまた問題がないということでもない。ある決定的な問題というのは、ヨーロッパの大学がアメリカの大学とは異なり、基本的に（なおも）エリートの機関であるということである（Trow, 1973; Fuller, 2003を参照）。それらは、限定的できわめて特定の人たちだけの「範囲」のなかにある。したがって、大学のカリキュラムを通して批判的市民を教育する試みは、大衆に広がることはないのである。ある人は、エリート――未来の支配階層――が適切なかたちで民主的な教育を受ければ、大衆にまでそれが及ぶ必要はないと論じるかもしれない。しかし、そのような見解は、民主主義の原理に直接的に反するものである。他の人たちは、大学が及ぶ範囲を実質的に拡大することに多大な時間と労力を費やしてきた。ここでは、たとえば、イギリスの大学のエクステンションの動向やオランダの「人民大学」、オープン・ユニバーシティ、高等教育へのアクセスと参加を拡大する最近の試みなどを思い起こすことができる。

だが、問題は、どのように大学がより多くの人びとに広がり、人びとがどのように大学教育から恩恵を得るかという方法だけにあるのではない。提起されるべき問題――ある意味では最初に問われるべき問題――は、市民的役割に関して大学に特別で特有でさえあるものはなにかという問いである。言い換えれば、大学が民主主義と民主化に貢献するのはなんであり、社会における他の制度やセクターでは提供できない民主的な生活の質に貢献するものはなにかという問題である。

大学に特有のものとはなにか

ある人たちは、大学に特別なものとは、そこが研究活動の場所だという事実にあると主張する。だが、大学は、研究を独占することができるだろうか。大学というのは、社会のなかで研究がおこなわれる唯一の場所だろうか。このことは学術研究のある分野にとっては正鵠を射ているかもしれないが、今日、一般的な理解では、自然科学であれ、社会科学であれ、実質的に多くの研究が大学の外でおこなわれており、しかも商業的な文脈に支配されないかたちでしばしばおこなわれている。大学は、そのなかで特有で特権的な位置を占めるのではなく、むしろこの「研究市場」のもとで競争することがますます増えてきている。もちろん、このことは、大学が概して研究を主要な活動の一つとする場所であることを否定するものではないが（拡大し続ける高等教育のセクターにおいて、おもに教育に焦点をあわせる機関がますます増えているけれども）、わたしたちは大学が研究をおこなう唯一の場所だと主張することはできない。

もし大学が研究を独占することができないとすれば、まして知識を独占することなどできるだろうか。もちろん、それは長年の歴史とともにある理念であり、大学と市民的役割についてのフンボルトの見解に明確に表現されているものである。この理念については、近年でも多くの擁護者がいる。科学的知識の地位についての議論の一部は、たとえば、現実の宗教的理解に対する科学的な世界観の優位に焦点をあてている（たとえば、Dawkins, 2006を参照）。一方で、より魅力的な議論は、アーネスト・ゲルナーによって提起されている。ゲルナーは、科学的知識がそれにもとづくことの優位を証明し、科学的合理性と科学的な世界観全般の優位を証明するのは現代技術の成功にあると論じた（Gellener, 1992）。だが、同時に、自然と社会の世界に対する理解と対応の両面から、科学的知識の特別な地位を疑問視し、科学的な世界観の限界を指摘した人たちも多くいた（簡潔な概論として、Sardar, 2000を参照）。

もし、実際に大学を特定の知識の生産者であると厳密に考えるとすれば、大学にとっての唯一の市民的役割は専門家の役割、つまり権威と論証をもって語る人の役割となり、原則的にプライオリティを与えられるものとなる。というのも、専門家の論証は高度な知識を基盤とし、高度な合理性によって満たされているからである。そのような正当な知識の独占に関する課題はなおも残されており、わたしはこの問題に後ほど立ち返ることにしよう。だが、わたしは、「科学的」とされるものと、より広い社会のなかで「科学的」と考えられるものの定義において、現在の大学が（なおも）

重要な役割を果たすと信じている。それはおもに、大学が研究者教育を独占しているという事実とも関係している。というのも、とくに大学は、高等教育のなかで学位を授与する権力をもつ唯一の機関だからである。このことを通して、大学は、なによりもだれが研究者の資格をもつかという選定をコントロールする。このことは、今度は、「科学的」とされるものにおいてなにが重要かを定義し、「基準」を認識することにも貢献する。もちろん、これは、「科学」と「非科学」の間の境界が明晰で議論の余地のないものだということを提案しているのではない。わたしが強調したい唯一のことがらは、そのような境界設定の活動に対して大学が担いうる特定の地位についてである(Gieryn, 1983も参照)。

これらの考察は、興味深い課題を提供してくれる。わたしたちは、大学が研究を独占するとは主張できないけれども、知識を独占すると主張することはできるかもしれない。だが、わたしたちは、大学がある特別な種類の知識——より真実で、より現実的で、より合理的な知識——の生産者だと主張することによって、認識論的な観点からこの独占を解釈し正当化するとすれば、大学の市民的役割というのは専門家のそれに限定されることになる。民主的な観点からすれば、専門家の地位についての問題は、結局のところ、つねに他のすべての意見を却下してしまうことにある。もちろん、専門的な知識によって、究極的になにが起きるのかを理解することができるかもしれないが、そのような場合でも、民主主義は科学によって「方向づけられて」いるのであり、それは実際には民主主義を表面的なものにするのである。大学の知識独占に対するより「経験的な」正当化——すなわち現存する大学が科学的とされるものを定義することにおいて重要な役割をもつという観察――は、この問題へと導くことはないものの、大学の境界設定の活動がどの程度まで恣意的なものに過ぎないのかという問いを提起し、そのことは同時に民主主義についての問いを提起するものとなる。これらの議論の背景に潜んでいることがらは、「技術に関する論点」である。すなわち、そのことが示唆するのは、現代科学における技術の「成功」というのが――自然科学と社会科学の両方で――科学的な知識の優位とその特別な質を「証明する」ものであるということである。

次の二つの節では、ジョン・デューイとブルーノ・ラトゥールの著作に注目することにしたい。彼らの著作は、知識、政策、民主主義、大学の間の関係を理解する方法を提供してくれる。それは、科学か大学かどちらかという結論に終わるのではなく、現代の社会科学と自然科学の技術的な成功を収容することができるものである。

ジョン・デューイと現代文化の危機

ジョン・デューイは近代科学を尊重し、一般的に、あらゆる生活領域に科学的方法を導入すべきだと主張したと広く信じられている。そのために、デューイを、「科学主義」として、すなわち自然科学は必要があれば世界についてなんでも発言すべきだという見解として非難する人もいる。たとえば、マックス・ホルクハイマーは著書『理性の腐蝕』で、デューイの「自然科学への崇拝」が批判的なスタンスをとることを不可能にしていると論じている（Horkheimer, 1947, pp.46-49）。確かに、デューイが価値を科学的方法に与えたことは、「知識の形態として、科学的方法の相対的な成熟は、実験主義にとって不可欠な場所と機能を顕著なかたちであらわしている」（Dewey, 1939, p.12）というように、非常に明確である。だが、自然科学の方法についてのデューイの認識を、「科学が唯一の妥当な知識であるという意味で考えるとすれば、それは誤解である」という見解も明確に示している（Dewey, 1929, p.200）。デューイは、自然科学によって提供される知識が唯一の妥当な知識であるという考え方を拒否しただけではない。彼は、知識が現実と「接触する」ことができる唯一の方法だという、より一般的な考え方に対しても反対していた。デューイの著作に頻繁にあらわれるテーマというのがあるとすれば、それは知識というものが「経験の他の（すべての）様式を測定することができる」（ibid., p.235）という考え方をまさしく拒否しているところにある。

デューイによれば、知られていることと現実であることを同一視することの主要な問題は、政治的、美的、倫理的、宗教的な次元など、人間生活の他のすべての次元が、わたしたちの知識を通して明らかにされることに還元され、それによって承認を得ることができる限りにおいて、真実であるかのようにあつかってしまうことにある。知識はなにが現実であるかの「規範」を提供すると想定することによって、人間が自ら生活する方法の他の側面は、主観の領域、すなわち個人の趣向、見解、感性、観点の領域へと追いやられてしまうのである。デューイが言うように、「真の対象が（中略）知識の対象と同一視されると、すべての愛着的で意志的な対象が必然的に『真』の世界から排除され、主観あるいは心の経験のなかへとこっそりと逃げ込むことを余儀なくされるのである」(Dewey, 1925, p.30)。デューイは、知られていることと現実であることの同一視が現代哲学のもっとも根本的な誤りであると考え、それを「知性的な誤謬」と呼んでいる(Dewey, 1929, p.175; Dewey, 1925, pp.28-30も参照)。だが、デューイにとって、それは哲学的な問題に限られない。むしろそれは、現代文化の核心におかれる問題であり、デューイが現代文化の危機と考えたことの中心にある問題であった(Dewey, 1939を参照)。ある意味で、デューイの著作は、この危機に対する応答として読むこともできる(Biesta, 1992; Biesta & Burbules, 2003を参照)。

デューイによれば、現代文化の危機は、日常生活に対する近代科学の影響が分裂した結果である。近代科学は、わたしたちが生活する世界に対する理解を完全に変えてしまった。それは、機械論としての世界観、すなわち「数学的、機械的な法則にしたがって動く無関係な物質的粒子の出来事」(Dewey, 1929, p.33)としての世界観を提供してきた。こうして、近代科学は、「美しく人間にとって快適な質の世界を分解した」(ibid.)。すなわち、デューイによれば、この発展が日常生活の世界に与える分解的な影響は、おもに科学的な世界観を、現実にそうであるのと同じくらい、現実について正確で「真」の説明をするものとして解釈してきたことによって、引き起こされるものである。すでに検討したように、これは日常生活の世界の現実と、人間生活の非認知的な次元の現実の逸脱を導いてきた。

> （科学的な世界観の解釈についての）究極の実際的影響は、科学がいかなる重要な人間の関心からも、もっとも遠いことがらにおいてのみ存在するという信念の創造にある。したがって、わたしたちが社会的、道徳的な問題と質問にアプローチするときには、真の知識によって導かれる希望を放棄するか、あるいはそうでなければ、明確に人間的なものすべての犠牲のもとに、科学の称号と権威を獲得するかのどちらかである（Dewey, 1939, p.51）。

言い換えれば、問題は、近代科学の機械論的な現実解釈が、わたしたちに二つの同じくらい魅力のない選択を迫る状況をつくることである。すなわち、近代科学の「非人間的な合理性」か、日常生活の「人間的な非合理性」かという選択である。困難な状況というのは、文化における危機の核心にある。それは、この危機がなによりも合理性の危機として理解されるべきだということを意味している。

デューイが文化の危機を近代科学の機械論的な世界観に関する特定の解釈に結びつける事実は、危機というものがただの理論的な問題であり、それゆえに現代生活の緊急の実際的な問題とはまったく関係がないということを意味すると理解されるべきではない。デューイはむしろ、科学的な合理性のヘゲモニーと科学的な世界観――すなわち、合理性が科学の「動かぬ証拠」とのみ関係し、価値、道徳、感性、感情などとは関係がないと想定される状況――が、これらの問題に対する適切な解決を見いだすことをほとんど不可能にするということを強調しようとした。なぜなら、わたしたちがおかれている状況というのは、合理性が事実と手段に制限される一方で、価値と目標は定義上、合理的な熟慮から排除される状況だからである。これらすべてのことをより喫緊のものにするのは、現代生活が大部分において「共通の意味世界における科学の具体化」の結果だという事実である（Dewey, 1938b, p.81）。結局のところ、わたしたちは、生活のなかに技術が偏在することを通して、近代科学の産物と影響に絶えず直面することになる。それは、科学的な世界観を基盤とする、科学的な世界観の真実を繰り返し証明することによってなされるのである。このことが、デューイが日常経験の世界を「それ自体分裂した家」だと主張したことの理由である（Dewey, 1938b, p.84）。

近代科学と知識の傍観者的な視点

ここで鍵となる問いは、現実とは本当はどのようなものかということの説明として科学的な世界観を解釈することは不可避かどうかという問題である。デューイによれば、それは不可避的なものではない。彼の議論は、ある部分は哲学的であり、ある部分は歴史的である。デューイの議論の歴史的な流れは、なぜ世界の本当の姿を説明するものとして科学的な世界観が解釈されてきたのか、という問題に焦点をあわせている。そのために、デューイは、ギリシア社会における西洋哲学の誕生にまでさかのぼる。デューイによれば、西洋哲学というのは、知ることがおこなうことよりも価値があり、理論が実践よりもはるかに高い地位にあった社会においてあらわれた（Dewey, 1916, pp.271-285を参照)。こうしたヒエラルキーが形成されるのは、絶対的、不変的な確実性を求めるからであり、そのような確実性というのは行為の領域においては獲得できないと考えられるからである(Dewey, 1929, p.18)。確実であることと不変的であることの同一視は、プラトンをはじめとする哲学者たちを、固定的で変化することのないものこそが真実であると主張する形而上学や、確実な知識というものは「先行する存在あるいは本質的な存在をもつものに関係しなければならない」と論じる認識論へと導くことになった(Dewey, 1929, p.18)。これら一連の前提が示唆することの一つは、知識の獲得プロセスが知識の対象に対していかなる影響も行使しないときにのみ、真の知識を獲得することができると考えていることである(ibid., p.19)。そのために、知識の獲得は行為から切り離され、視覚的な認識――デューイが「知識の傍観者理論」(ibid.)と呼ぶ理論――の観点から理解されるようになる。デューイによれば、これは、今日に至るまで、知識に関するわたしたちの理解に重大な影響を及ぼしてきた。「ギリシア時代以来、哲学を支配してきた概念は、知識の役割を、先行する実在を明らかにすることにあると見なしてきた」(ibid., p.14)。

ギリシアの世界観の興味深い側面の一つは、価値が実在の一部だという前提である。言い換えれば、ギリシア人は、実在が目的的であると考えた。このことは、実在に関する真の客観的な知識が、同時に人間の行為の方向づけのためのガイドラインを提供するということを意味している。近代科学の機械論的な世界観が出現したときに生じたさまざまな問題を考えることはそれほど難しいことではない。それまでは、世界についてのわたしたちの知識から、目標と価値を引き出すことができたけれども、近代科学は、「そのような財産を所有することを、知識の対象のなかで明らかにするのを放棄したのである」（ibid., p.34）。このことは、どのように新しい科学の結果が受け入れられ、価値の領域が維持されるのかという問題を導いた。デューイは、利用可能な哲学的枠組み、つまり知識の傍観者理論を考えるならば、可能な解決というのは一つだけであるように思われると論じた。すなわち、価値は、非物質的、精神的、主観的な領域という、それぞれ別の領域に格下げされるということである。近代科学の発見を受け入れ、価値の領域を守るために、デカルトやカントのような哲学者たちは、精神と物質、客観と主観、事実と価値の区別を導入した。科学は、物質、客観、事実の側に位置づけられた一方で、人間の行為の領域の方向に関係するものはすべて、精神と主観の側に位置づけられることになった。そして、このことが文化における危機が台頭する枠組みを生み出したのである。

この背景のもとで、デューイが近代科学に好意的に見えるのは、なによりもまず彼の分析が、精神と物質、客観と主観、事実と価値の間を引き裂く初期の近代科学においてとられた道を、不可避的なものではなく、利用可能な選択の一つに過ぎなかったと示していることにある。デューイは、近代科学が出現したとき、哲学にとって二つの選択肢が存在したと論じている。採用されうる一つの選択は、近代科学の発見を解釈するために、既存の哲学的な枠組みを利用することであり、そしてこの「運動」こそが現代文化における危機を究極的に導いたのであった。だが、採用されることがなかったもう一つの道というのは、知識と実在に関する理論を、近代科学それ自体の発見と方法に並列させるかたちで適用したらなにが起こるかを探究することであった。知ることと知識に関するデューイの理解の中心にあるのは、後者の考え方である。

デューイのトランザクショナルな実在論

デューイのアプローチの中心にあるのは、わたしたちは生きた存在としてつねにすでに、世界との相互作用（インタラクション）――デューイの概念を用いるならば、トランザクション――のなかにあるという考え方である。わたしたちは、行為する前に、最初に世界についての知識を獲得する必要があるというのではない。生きた存在として、わたしたちはつねにすでに、世界に「もとづいて」、それと「ともに」行為している。その結果、――これがデューイの「トランザクショナルな実在論」の鍵概念の一つであるが（Biesta & Burbules, 2003; Sleeper, 1986）――近代哲学の二元論的な世界観とは異なり、わたしたちと世界との間の「ギャップ」はもはや存在しなくなる。トランザクションは、わたしたちがつねに世界と「接触している」ことを意味しており、この結びつきが、今度はわたしたちの知識がつねに世界「の」知識を確実なものにするのである。このことが支払う「代償」は、――そしてこれが知ることについてのデューイの理論の重要な要素であるが――わたしたちが世界と相互作用することによってのみ世界について知ることができるということである。知識というのはわたしたちから離れて自立した世界観だと考える傍観者理論とは違って、デューイのトランザクショナルな実在論は、わたしたちが世界を操作し、相互作用し、介入する方法の機能のなかで世界を知るということを意味している。言い換えれば、知識というのは、わたしたちの行為とその結果の可能な関係についての知識なのである。わたしたちは、行為とその結果の関係の認識を基盤にして、世界を——もっと正確には、知識の対象を——構成するのである。したがって、この世界において、世界と対象というのは、構成されたものなのである。だが、それらは精神的な構成物ではない。それらは、世界とわたしたちのトランザクションを基盤にして構成されるものであり、この点でそれらは実在するものとなるのである。

　デューイのトランザクショナルな実在論は、世界「の」なにかとして科学的（そして日常的）知識を理解する方法を提供するけれども、それが傍観者の知識観と異なるのは、知識というものが「客観的な対象」ではないということである。このアプローチの一つの重要な利点は、知識というものが、技術の成功のために必要とされる——デューイであれば、構成されると言うであろうが——特定の世界観を受け入れることなく、技術の適用の形態において有用でありうるという事実を受け入れさせることである。言い換えれば、原子と因子の世界は、究極的に実在する世界ではなく、わたしたちが確かな物事をおこなうためのトランザクションにもとづいて構成する世界なのである。それは唯一の実在する客観的世界として受け入れなければならない世界ではもはやない。こうして、デューイは、世界を描写し理解する唯一の方法として、科学的な世界観を受け入れることを強制することなく、近代の科学技術を解釈する方法を提供する。非常に興味深いことに、彼がこれを達成したのは、近代科学の発明と方法を真剣に熟慮することによってであった。

デューイの考えは、わたしたちの議論に多くの示唆を与えてくれる。というのも、現代文化の危機についての彼の描写は、民主主義の危機として考えることもできるからである。結局、重要なのは、わたしたちが近代科学の世界を唯一の世界として受け入れなければならないのかどうか、あるいは、わたしたちはその世界を特定の目的――それは技術の目的と言うことができるかもしれない――には合致するかもしれないが、必ずしもすべての目的に合致するわけではない、ある特定の構成されたものとして考えることができるかどうか、という問題である。デューイによれば、科学の代表者はなおも専門家として見られうるけれども、彼らの専門性というのはもはや認識論的なものではない。彼らは、唯一の「真」の客観的世界に関する専門家ではないのである。その代わりに、彼らは、世界に対してある特定の方法で対処し相互作用する専門家となる。言い換えれば、デューイは、科学の専門性というものが限定的で状況的なものであるということを考えるのを助けてくれる。さらに、デューイのアプローチが示唆するのは、わたしたちは、認識論的な観点から、科学的知識と日常生活の知識それ自体の区別、すなわち科学の客観的知識と日常的な生活世界の主観的知識の区別を理解することができないということである。科学の世界と、日常生活の世界――正確には、諸世界――というのは、それぞれ異なる目的に適合する、異なる構成物なのである。このことが意味するのは、――もしデューイにしたがうのであれば――わたしたちは、認識論的な観点から、大学による知識の独占を理解することがもはやできないということである。すなわち、科学的な知識は、日常的な知識よりもよく、真実で、現実的であり、それゆえ優越すべきであるという前提にもとづいて理解することはできないのである。このことは、それ自体、社会のなかの知識の役割をめぐって、民主主義にかかわる重要な問いと可能性を開くことになる。それは、科学の存在について、そのなかの一つとして含む世界のさまざまな知識と見解の間の関係をめぐって、わたしたちが正統性をもって問題を提起することができる状況を開くのである。

ブルーノ・ラトゥール、テクノサイエンス、測定学

そのような問題を提起する著者の一人として、――そうした著者は一人ではないけれども(Biagioli, 1999を参照)――フランスの「科学人類学者」であるブルーノ・ラトゥールをあげることができる。ラトゥールの著作は、わたしの議論にとって重要である。というのも、彼は、現代社会における「テクノサイエンス」の役割の研究で、わたしが「技術の議論」と呼んだ問題を明確にあつかっているからである。テクノサイエンスの認識論的な解釈で、「テクノサイエンティスト」は、実験室の外部の世界に散在する実験室において「事実と機械」(ラトゥールの表現)を構成すると考えられている。より広範な世界に事実と機械を提供することに成功し、もっと重要なことに、事実と機械が非実験室的な条件のもとでも「生き残る」ことができるという事実は、そのような事実と機械の根底に特別な知識の質がある兆候として一般的に考えられることになる(たとえば、Gellner,

1992を参照)。ラトゥールについて興味深いことは、――この点でデューイのアプローチと密接な関係があるのだが(Biesta, 1992も参照)――テクノサイエンティストが実験室のなかで実際に効果的な事実と機械を創造するということを疑わなかったことである。ラトゥールはまた、ある段階で、そのような事実と機械が、それらがもともと構成された場所とは異なる場所でも出現するということも疑わなかった。だが、ラトゥールが異議を申し立てたのは、その間に生じたことがらというのが、実験室の安全な環境から、真の世界の「外部」へと向かう事実と機械の移動であったとする主張に対してである。ラトゥールによれば、実際に生じたことがらというのは、実験室の配置転換であり、事実と機械が存在し成功して機能する条件の配置転換であったと論じられている。それは事実と機械が実験室の外の世界へと移動したということではない。それは、外部の世界が実験室へと変えられたということである。ラトゥールは次のように記している。

> まず実験室が「外部」の状況で効果を試され、その試された状況が実験室の指示書きにそって変えられない限り、実験室の事実だけ外部へと移動するということはありえないのである(Latour, 1983, p.166)。

ラトゥールの著書は、このプロセスについて多くの魅力的な例を提供してくれる。たとえば、パストゥールについての著書で、ラトゥールは、パストゥールのアプローチの成功というのが実験室からフランスの片田舎の農場への強健な技術の移動の結果ではないと論じている。それが成功したのは、フランスの農場の重要な次元が実験室へと変えられたからである。言い換えれば、彼らは、パストゥールの実験室の技術が適用される以前に、その手続きを採用しなければならなかった。ラトゥールが述べるように、「パストゥールの実験室でおこなわれた実践をフランスのすべての農場へと拡張することができるのは、限られた実験室の実践を尊重する条件のもとでのみである」(Latour, 1983, p.152)。したがって、実際に生じたのは、「フランスのパストゥール化」であった(Latour, 1988)。ラトゥールは、「外部のものによって世界の内部を事実と機械が存続するように作る巨大な事業のこと」を測定学と呼んでいる(Latour, 1987, p.251)。測定学は、事実と機械の「収奪」を創造するプロセスとして理解することもできる(ibid., p.253)。測定学は、社会の変形であり、テクノサイエンスのネットワークへの社会の編入であるので、事実と機械はいかなる目に見える努力をすることもなく、「旅する」ことができるのである。ラトゥールが説明するように、「科学の外部というのが存在するのではなく、科学的な事実の循環を可能にする長く狭いネットワークが存在するるのである」(Latour, 1983, p.167)。

これらの流れにそって、ラトゥールは、科学的知識と日常生活の知識の相違についての認識論的な解釈の支配的な考え方を批判する。それは、普遍的な配置転換を可能にする事実と機械に投資される知識の特別な質に関係するものである。ただし、重要なのは、ラトゥールがこの議論を単に逆転させようとしているのではないということである。彼は、事実と機械が普及していくことこそ、それらに投資された知識を普遍的なものにするとは主張しない（それはこの現象の社会科学的な解釈となるであろう。詳細については、Biesta, *et al.* 2002を参照）。ラトゥールの分析の核心にあるのは、事実と機械の配置転換というものは存在しないということである。それらは、それらがあるところにあるのである。移動の幻想が生じるのは、もっと多くの「ポイント」（場所、位置、人びと）がネットワークのなかに組み入れられるときのみである。実際、実験室の中心から、真の世界の周縁へと移動するのは、そのような事実と機械ではない。それは、周縁が中心へと向かって移動し、そのなかに組み入れられることによって生じるのである（そして、当然のことながら、その結果として、中心とされるものと周縁とされるものの同一化が生じるのである）。

もちろん、このことは、中心と周縁、すなわち強いネットワークと弱いネットワークの間に権力の相違がないということを意味するのではない。ラトゥールとともに、わたしたちは、世界——科学的な知識の実践と日常的な知識の実践の両方を含む世界——を、ある意味で、すべてはローカルであるところの実践の集合体として考えることができる。だが、これらの実践のうちのいくつかは、他のものよりも「外部」へと編入し変容させることにおいて、多くの成功を収めてきた。その結果、アシンメトリー（不均衡）が生まれることになる。現代社会において、もっとも驚くべきアシンメトリーの一つは、——デューイを取り上げたときにも考察したが——科学と日常生活との間のアシンメトリーであり、科学的、日常的な知識と合理性とのアシンメトリーとされるものである。だが、そのようなアシンメトリーというのは、質的、本来的、認識論的な相違の結果ではないと考えることが重要である。とりわけわたしたちが評価に用いる基準に応じて、さまざまな実践の間に質的な相違が存在するというのは疑いのないことであるけれども、質におけるそれらの相違は、それ自体アシンメトリーの原因とはならないのである。ラトゥールの言葉では、アシンメトリーというのは、いくつかのネットワークが他のネットワークよりも大きく、長く、強いということを暗示するに過ぎない。この観点では、一見、普遍的に見えるものは、ある特定のローカルな実践が拡張したもの以上でも、それ以下でもない。それは、実践の質と価値についてはなにも言うことがない。それにもかかわらず、ラトゥールが論じるように、科学者は、しばしば「科学」(エピステーメ)対「信念」(ドクサ)、「科学的」対「常識」、「合理的」対「非合理的」といった質的な言葉で創造するアシンメトリーを定義しようとするのである。しかし、レトリック上の利益を除いて、——もちろん、そのようなレトリックによって得られるものはたくさんあるのだが——このことをおこなうことに現実的な利点はなにもないのである。

結論——知識民主主義に向けて

この章では、大学の市民的役割について探究してきた。それは、民主的なプロセスと実践の発展と維持に対する高等教育の貢献を問うことを意味している。大学が民主主義と民主化になんらかのかたちで貢献するという考え方は、すくなくとも啓蒙主義と近代国民国家の誕生にまでさかのぼる歴史をもつものである。その歴史がもつ中心的な信条は、大学というのは啓蒙され知識がある批判的市民の教育に焦点をあわせるべき場所だという考え方である。この思想系譜は、高等教育の市民的役割に関する近年の研究においても、顕著な役割を果たしている。そのような戦略が重要でないわけではないが、わたしは、大学がエリート機関である限り、人口全体のわずかなパーセンテージに届くだけのものとなり、市民に対する影響力は限定的なものになるということを論じてきた。したがって、わたしは、民主主義と民主化に対する大学特有の貢献とはなにかを探ることによって、多少異なる視点から、大学の市民的役割の問いにアプローチしてきた。わたしは、高等教育が研究の独占を主張することはもはやできないと論じてきた。なぜなら、研究というのは、大学の外のさまざまな場所でもおこなわれるものだからである。だが、大学はなにが「科学的な」知識として見なされ、より広い社会で、なにが「科学的」と考えられるのかを定義することにおいて重要な役割を担う点で、ある種の知識の独占をなおも主張することができる。主要な問いは、わたしたちがこの知識の独占をどのように解釈すべきか、というものである。わたしは、大学における知識の独占について、認識論的な観点から理解する必要があるという、強い伝統が（なおも）存在することを示してきた。それは、科学的な研究を通して生産される知識というものが、日常生活の知識よりも高度な「質」――たとえば、より真実で、より合理的な「質」――の研究であるという前提にもとづいて理解される必要がある。この論議の流れの一つの重要な側面は、わたしが技術の議論と呼んだものであり、すなわち現代技術の成功は技術が基盤とする科学的な知識の優越性――真実――を証明するという考え方である。大学の知識独占の認識論的な解釈にともなう問題は、それが民主主義を衰退させることである。結局のところ、この解釈の結末は、世界を見て理解する唯一の方法だけに妥当な根拠があると考えられていることである。わたしは、科学的な世界観にコミットすることなくしても、現代技術の成功を受け入れることができると論じるために、ジョン・デューイの考え方を利用した。デューイは、科学的な専門性というものが限定的なものであり、もっと正確には、状況的なものであるということを理解するのを助けてくれる。このアプローチにしたがう重要な民主主義の「利点」は、さまざまな知識と世界観——科学的な世界観というのもその一つだが——の関係について問うことを可能にする点である。さらに、それは、さまざまな知識と世界観のアシンメトリーがどのように出現し存続するのかを探究することを可能にする。ラトゥールの著作の中心にあるのは、後者の研究である。彼は、現代社会の主要なアシンメトリー、すなわち科学的な知識と他の形態の知識のアシンメトリーを理解する興味深い方法を提供するのである。総合すると、デューイとラトゥールは、大学の市民的役割について重要なアジェンダを示している。彼らの著作は、大学が民主化に貢献するすくなくとも一つのことは科学的な知識と技術が生産される多面的な方法を開示することにある、ということを示している。これらの流れにそって、大学は、知識の民主化に重要な貢献を果たし、わたしが知識民主主義と呼ぶことを提案したことがらの発展を支援することができるのである。わたしは、知識民主主義が知識経済の代わりになるべきだと提案するつもりはないが、——わたしたちは経済的な発展にとってテクノサイエンスがもつ重要性について現実的である必要がある――知識社会が知識経済に解消されうるものでは決してないということを明確にするために、知識民主主義を知識社会の重要な要素の一つとして考えるべきだと提案することにしたい。

第五章　知識経済における生涯学習

経済的な要請と民主的な要請との間の緊張は、学校、カレッジ、大学において感じられるだけではなく、ますます増え続ける生涯学習への影響においても見られることである。本章では、こうした展開を再検討し、政策と実践における移行と変容を確認することにしたい。わたしは、生涯学習とはなんであり、なんのためにあるのか、という定義それ自体が過去数十年間に劇的に変化してきたということを示したい。すなわち、その変化というのは、経済的、個人的、政治的な利益に向けた生涯学習の広範で包括的な構想から、なによりもまず経済的合理性を強調する、非常に狭い見解への移行のことを意味している。こうした変化は、生涯学習の個人化——生涯学習を個人の責任にすること——の増大と密接に関連すると同時に、個人が要求することのできる権利としての生涯学習から、「グローバル経済」や「グローバル競争」といった抽象的理念の名のもとで、個人に課せられる義務としての生涯学習への移行とも密接な関連をもっている。わたしは、このような変化が個人レベルでどのような影響を与えたかを示すだけでなく、生涯学習の考えを民主的な要請に再び結びつける必要性についても述べようと思う。それは、わたしが「学習する民主主義」と呼ぶ考えである。

生きることを学ぶ「未来の学習」から、「生産的な雇用対象者になるための学習」へ

一九七二年に、ユネスコ（国際連合教育科学文化機関）は、エドガー・フォールが委員長を務める教育開発国際委員会によって作成された報告書を公刊した。フォールは、委員会に付託された権限を、次のように記している。すなわち、委員会の権限は、「変化する世界のなかで、教育の発展にかかわる主要な問題の全体的な解決を、完全な独立性と客観性のもとで探ることを通して、さまざまな起源や背景をもつ人びとによる批判的反省」をおこなうことにある、というものである（Faure *et al.*, 1972, p.v）。この委員会は、男性だけで構成されていたけれども、興味をそそられる国際的な「委員構成」であった。その構成は、次の通りである。エドガー・フォール（フランス）は、元首相であり、元教育大臣である。フィリップ・ヘレラ（チリ）教授は、元米州開発銀行総裁である。アブドゥール・ラザク・カドゥーラ教授（シリア）は、ダマスカス大学原子物理学の教授である。アンリ・ロペス（コンゴ共和国）は、外務大臣であり元教育大臣である。アルトゥール・V・ペトロフス

キー教授（ソビエト社会主義共和国連邦）は、ソビエト連邦教育科学アカデミーのメンバーである。マジッド・ラーネマ（イラン）は、元高等教育・科学大臣である。フレデリック・チャンピオン・ウォード（アメリカ合衆国）は、フォード財団国際教育顧問である（Faure *et al.*, p.xiを参照）。

教育開発国際委員会が発表した報告書は、『未来の学習』というタイトルであった。この報告書について、ユネスコ事務局長のルネ・マウは、「今までに作成されてきた、どの報告書よりも完成されたものであるのは疑いのないことであり、明日のための教育というグローバルな構想」（Faure *et al.*, 1972, p.ix）を打ち立てたと絶賛している。『未来の学習』は、生涯教育と学習社会の発展を強力に支持する主張を展開した。報告書の著者たちは、今日の世界において、「学校の教育内容は、生徒が成人期に入る前に、生徒に与えられ受け入れられるような、決定的な全体を構成することはもはやできない」と述べている。なぜなら、生徒が学習すべきものはすべて、「絶え間なく再発明され再更新され続けなければならない」からである（ibid., p.xxxiii）。したがって、報告書は、学習というものが「期間と多様性の両方の意味で、その人の人生すべてと社会のすべて」にかかわるものだとすれば、わたしたちは「学習社会に辿り着くまで」、教育制度を総点検するだけでなく、もっと先に進まなければならない、と結論づけている（ibid.）。

『未来の学習』は、すくなくとも二つの理由で、注目すべき文書である。一つには、世界のなかでの教育の役割に関するヴィジョンの強さと確かさにおいて際立っていることである。もう一つには、『未来の学習』が歴史的な文書としても際立っていることである。このことは、報告書が、よりよい社会への変化が可能であるという考えに楽観的である点で、一九六〇年代後半と七〇年代初頭の世界を反映しているからという理由だけではない。それは、教育、正確には、生涯教育と学習社会について、『未来の学習』で表現されている見解というものが、今日の生涯学習の世界を構成する政策と実践とは際立った対照をなしているからでもある。たとえば、フォールが報告書の四つの基本的前提として要約した仕方を取り上げてみたい。

第一に、（中略）国民性、文化、政治的選択、発展の程度がさまざまに異なるなかで、共通の願い、問題、潮流、そして一つの同じ運命へと向かう動向に反映される国際社会の存在がある。こうした推論は、相違や対立の移り変わりにかかわらず、政府間と人びとの基本的連帯である。第二に、民主主義への信念である。それは、自己の潜在的可能性を実現し、自己の未来の形成を共有する個人の権利を意味すると考えられるものである。このように捉えるならば、民主主義の要点は教育にあるということになる。それは、すべての人びとに開かれている教育というだけでなく、その目的と方法においても新たに考えられている教育のことである。第三の前提は、開発の目的というものが――個人、家族の一員、コミュニティの一員、市民、生産者、技術の発明家、創造的な夢想家として――人格を高め、複雑な表現やさまざまなコミットメントをおこなう人間の完全な実現にあるというものである。わたしたちの最後の前提は、全面的な生涯教育だけが、この「完全な人間」を創造することができるというものであり、その必要性は、個人を分裂させる、絶えず緊迫した束縛とともに、ますます増大しているのである。わたしたちは、一度にすべての知識を行き届いて獲得することはできず、全生涯にわたって、絶えず進展する知識の実体を構築する方法を学習する――「生きることを学ぶ」――べきなのである（Faure *et al.*, 1972, pp.v-vi）。

連帯、民主主義、「人間の完全な実現」の観点から生涯教育を設計すること、教育の目的を「人間が自己自身であることを可能にすること、つまり自己自身になること」（ibid., p.xxxi. 強調は原文のまま）を強く主張すること、「連帯を拡大し強化する方法が見いだされなければならない」（ibid., p. xxxviii. 強調は原文のまま）と論じること、そして、教育に関する報告書において、「核兵器の放棄」（ibid., p.xxv）の必要性を提案することは、今日の生涯学習の議論、政策、実践とは根本的に異なっているように思われる。

過去二〇年間に、生涯学習が、政策レベルと実践レベルの両面で、ますます経済的な要請の魔力のもとにおかれているという事実を指摘したのは、わたしが最初ではない（たとえば、Edwards, 1997; Ranson, 1998; Boshier, 1998; Field, 2000; Fredriksson, 2003; Grace, 2004を参照）。ヨーロッパの政策レベルでの印象的な例として、欧州委員会教育・文化総局の局長によるスピーチがある（European Commission, 2001）。ヴァンデルパス局長は、ヨーロッパを「世界中でもっとも競争力のある、ダイナミックな知識基盤経済」（ibid., p.11. またLisbon European Council: Presidency Conclusions, paragraph

5も参照）にすることがＥＵの戦略的目標であることを聴衆に思い起こさせたうえで、生涯学習に関するＥＵの見解を次のように位置づけた。

> 生涯学習は、新たな主題ではない。（中略）新しいことは、最高の政治レベルでの、挑戦の性質と行為のための支援である。一方で、ヨーロッパ諸国は、知識基盤経済と知識基盤社会へと移行している。今日、知識、コンピテンス、情報を知的にあつかうことのできる能力は――社会に個々の市民が十全に参加することを認め、ヨーロッパの競争力と経済成長を強化することの両方において――重要な要素である。（中略）他方で、最高の政治レベルで、生涯学習をすべての市民の現実にするには、なおも多くのことがなされる必要があるという、広範な理解と支援がある。それは、生涯学習それ自体を促進するだけではなく、ヨーロッパが、リスボン戦略で示された大がかりな目標に到達するのを支援することである。生涯学習は、進歩しているけれども、（中略）あらゆる市民にとっての現実からなおも遠く離れている。ヨーロッパでは、一四〇〇万人がいまだ失業している。経済のいくつかのセクターで、とくにＩＣＴのセクターで、スキルのギャップがますます大きくなっている。また、セクター全体にわたって、一方の人びとの資格と能力と、他方の雇用者の要請とが合わないという、スキルのミスマッチも生じている。これらすべてのことは、新しい仕事の創造を妨げ、経済成長を減速させる。ある概算によれば、労働の供給と需要のミスマッチに、ＥＵは毎年一〇〇〇億ユーロの費用を費やしている。

それゆえ、さらなる生涯学習を実施しなければならないというニーズが生じる。わたしたちは、人的資源への投資のレベルを上昇させなければならない。（中略）こうした変化に直面するなかで、わたしたちは、ヨーロッパの生涯学習の戦略を発展させる必要がある。このことは、わたしたちが決して取り逃すことのできない機会なのである（European Commission, 2001, pp.11-12. 強調は原文のまま）。

生涯学習とは、ヨーロッパの競争力と経済成長を確実にするために、なによりもまず人的資本の開発――「人的資源への投資」――についてのものであるという考えは、一九九七年に、ＯＥＣＤ（経済協力開発機構）が公刊した影響力のある文書『万人のための生涯学習』（OECD, 1997）の中心的な教義にも明確に反映されている。『万人のための生涯学習』はまた、「生涯を通じた」学習として理解される生涯学習の経済的な合理性を強調している。それは、「万人のための生涯学習」という考え方を、「個人、家庭、職場、コミュニティに絶え間なく適応させ更新する能力を向上させる必要性に直接的に応えようとする政策戦略のための指導原理」（ibid., p.13）として提示している。適応と更新は、グローバル経済と労働の世界に生じた変化のなかで、必要不可欠なものとして考えられている。そうした変化に含まれるのは、「雇用における、製造業からサービス産業への大規模で継続的な変化、グローバル化の趨勢、情報・コミュニケーション技術の広範な普及、生産とサービスにおける知識とスキルの重要性の増大」（ibid., p.13）といったことがらである。『万人のための生涯学習』によれば、専門的スキルを要しない多くの仕事の消滅、生産とサービスの急速な転換、人びとが以前よりもよく仕事を変えるという事実など、あらゆることが「知識とスキルの頻繁な更新」(ibid., p.13) の必要性を示している。こうして、「幼児期の教育から退職後の活動的な学習まで」を含む生涯学習は、「雇用と経済発展を促す重要な要因」(ibid., p.13) となる。(この引用文は、「(中略) 民主主義と社会的結束」という文章へと続くが、この点については、後でまた論じることにしたい。)

それゆえ、およそ三〇年の間に、生涯学習の議論は、「生きることを学ぶ『未来の学習』」から、「生産的な雇用対象者になるための学習」へと移行してきたように思われる。ピーター・ジャービスは、次のように記している。

> 生涯学習社会は、グローバル資本主義という、現代の経済的、政治的な議論の一部になっている。それは、人びとを、生涯学習によって開発されるか、あるいはもし彼らの仕事が不要になれば、見捨てられ、再訓練されるような、人的資源として位置づけている (Jarvis, 2000, Grace, 2004, p.398 からの引用)。

このことが提起する問題は、わたしたちはどのように生涯学習の発展を理解すべきなのか、さらに重要なことに、どのようにそれを評価すべきなのか、というものである。

学習経済の増加

あるレベルで、学習経済への軌道は、完全に明らかであるように見える。過去においては、生涯学習の分野は、もっぱら社会正義のアジェンダによって形作られてきた――「成人学習」は、「社会的目的」の伝統において、エンパワメントと解放のための強靭な手段として捉えられていた(Fieldhouse, 1996を参照)――けれども、今日では、「収入を得るための学習」に強調点がおかれている。そこでは、「成人学習」は、経済成長とグローバル競争に打ち勝つための強靭な手段として考えられている。イギリスのトニー・ブレア首相は、「教育はわたしたちがもつ最良の経済政策である」(Blair, 1998, Martin, 2002, p.567からの引用)と述べたと言われている。確かに、ブレアの発言はあるレベルで世界中の多くの国の生涯学習で生じていることを的確に表現したものであるけれども、重要なことは、非生産的なステレオタイプに陥ることがないようにするために、これらの展開をより詳細に精査することである。次節で、最近の生涯学習分野の変容について、二つの観察をおこなうことにしたい。まずはじめに、「生涯学習のトライアングル」と呼ばれる、シンプルな概念的モデルの観点から説明しよう。

生涯学習のトライアングル

「生涯学習」というのは、捉えどころのない概念である。それは、多くの人にとっていくつものことがらを意味しており、しばしば、同時に一つ以上のことを意味している。生涯学習の概念のあいまいさが、さまざまに異なる広範囲の政治的・イデオロギー的アジェンダに結びつけることを可能にする。一方で、生涯学習は、つねに多くの異なる意味をもっていることを心に留めておくことが重要である。したがって、生涯学習に関するどの議論も、その考え方について主張される本来的な意味に関連づけて簡単に解決することはできないのである。生涯学習の考えに関する議論で、アスピンとチャプマンは、生涯学習というものが多くの異なるアジェンダを含むものであり、さまざまに異なる目的のもとで「作用している」という、有益な観察をおこなっている（Aspin & Chapman, 2001）。アスピンとチャプマンは、次の三つの目的を区別している。すなわち、彼らの言葉では、（1）経済進歩と発展のための生涯学習、（2）個人の発達と充足感のための生涯学習、（3）社会的包摂と民主的な理解と活動のための生涯学習、である（ibid., pp.39-40を参照）。

もしわたしたちが、生涯学習のことを、生涯全体にわたっておこなう学習として考えるのであれば——すなわち、その人の人生とつながり、公教育の最初の段階を超えておこなわれる学習として考えるのであれば——、そこには、実際に、労働の世界にかかわる新しいスキルと知識の獲得に関連する生涯学習の一つの側面があり、個人の雇用可能性や経済的安定と、全体としての経済的安定との両方にとって重要ななにかがあるということになる。このことを、生涯学習の経済的機能と呼ぶことができる。また、個人の発達や充足感に関連する生涯学習の次元もある。そこには、当人の可能性や才能を発達させるという観点だけではなく、その人の人生をつくる出会いや経験から学習し、人生の意味を見いだし、おそらくよりよい方法で自身の人生を生きることを学習するという観点も含まれている（Goodson *et al.*, 2010 も参照）。これは、生涯学習の個人的な次元である。第三に、民主主義と社会正義、すなわち個人のエンパワメントと解放に関連する生涯学習の次元がある。この次元というのは、個人が、より民主的で、公正かつ包摂的な方法で、他者とともにある生活を生きることができるようになることであり、そのことは個人の幸福にとってだけでなく、民主的な生活それ自体の質にとっても重要なものである。わたしは、それを生涯学習の民主的な次元と呼ぶことにしよう。

　アスピンとチャップマンはこれらの三つの次元を生涯学習のトライアングルとして言及するけれども、わたしはむしろ、一部の領域が重なり合うベン図〔複数の集合の相互関係や範囲を図式化したもの〕のようなかたちで、三つの次元の相関関係を記述することにしたい。それによって、生涯学習というものが、三つの次元のうちのどれか一つの領域にのみかかわるものとして存在するのではなく、それらの次元の組み合わせに影響を与えているという事実を強調することにしたい。このことはまた、もし政策と実践の発展を特徴づける生涯学習に関する三つの可能な目的の区分を利用しようとするならば、わたしたちは、その比重が——そして、より正確な解釈もまた——異なるかもしれないにもかかわらず、一つ以上の機能があるという位置を発見することになるだろう。このことが理解できるのは、わたしたちが、生涯学習の政策と実践において生じている変化を、生涯学習の経済的な次元、個人的な次元、民主的な次元という観点から特徴づけようとするときである。

生涯学習のアジェンダと構想の変遷

わたしたちがこのアングルから生涯学習の政策と実践を綿密に捉えるとき、ほとんどの場合、生涯学習の理解には多次元的な性質があるということが明らかになる。このことは、生涯学習のトライアングルの位置の違いというのが、三つの次元のうちの一つの機能だけを示す位置の違いを表すのではなく、強調点の違いとして、さらに重要なことに、優先順位の違いとして理解されるべきだということを意味している。

フォール報告の著者たちは、たとえば、労働と経済発展のための教育の重要性に気づいていなかったわけではない。しかし、フォールと彼の同僚にとって、生涯学習の経済的機能についての問題は、つねに民主的機能についての問題に従属するものであった。フォール報告は、発展途上国の人びとが「経済、福祉、生活水準」に関して、「すべてが全能者による配列として考えられた時代のように、(中略)階級と階級を分裂させる不平等に安易に身をゆだねるのではなく」、また「とくに教育の普遍化が経済的『離陸』の達成のための完全な武器になると信じるよう導かれたので、低開発な教育に安易に身をゆだねる」こともないと認めている。そのうえで、報告書が急いで付け加えるのは、「今日、人びとは、ＧＮＰ〔国民総生産〕や学校在籍者数の割合とは関係なく、民主主義を求めている」ということである（Faure *et al.*, 1972, p.xxiv. 強調は引用者による）。同様に、報告書が認めるのは、多くの場合、学習の動機は就職と学習への欲求に依存するかもしれないけれども、就職からくる動機では「真の民主化を確保することはできないだろう」（ibid., p.xxix）ということである。このように、フォール報告は、生涯学習において、民主化がおもな原動力になるというヴィジョンを提示した。そのヴィジョンでは、生涯学習の基本的な機能は、個人的な次元と民主的な次元の組み合わせにあるとされた。フォールにとって、教育の目的とは、「人間が自己自身であることを可能にすること」であり、「生きることを学ぶ」というのは、他者とともに学ぶという、民主的な観点から理解されるべきものであった。それゆえに、報告書は、ホモサピエンスとホモファーベルの統合――知る人と物を作る人――では十分でないと結論づけるのである。その代わりに必要とされるのは、ホモコンコースであり、「自己自身と他者とが調和した」（ibid., p.xxxix）人間である。

　ＯＥＣＤの報告書では、生涯学習の複合的特徴を容認することを見て取ることができる。報告書全体を貫くうたい文句は、生涯学習が「雇用、経済発展、民主主義、社会的結束」（OECD, 1997, p.13）を促進する重要な要因である、ということである。たとえば、報告書は、「今日、『グローバルな情報経済』の可能性を実現する能力を開発し、雇用、文化、民主主義、なかでも、社会的結束に貢献するために、教育と訓練の政策に向けた新しい焦点が必要とされている」(ibid., p.15) と述べている。報告書に添付された「大臣声明書」から読み取ることができるのは、ＯＥＣＤ教育大臣が「個人の生活を豊かにし、経済成長を促進し、社会的結束を維持するために、生涯にわたって学習することの決定的な重要性を確信している」(ibid., p.21) ことである。彼らによれば、「未来の経済的繁栄、社会的・政治的結束、十分な参加をともなう真の民主主義社会の達成など、あらゆることがらは教養のある人びとに依存している」(ibid., p.24) のである。欧州委員会教育・文化総局の局長でさえも、「社会的インクルージョン」の主題に注目している。局長の見解では、生涯学習の目的は、「雇用の領域の外部の政策とプロセス」を通して取り組まれるべきものであるが、「生涯学習というのは、雇用と適応に関することだけでなく、(中略) 個人的充足感、アクティブ・シティズンシップ、社会的インクルージョンのための手段でもある」(European Commission, 2001, p.16) と述べている。

したがって、あらゆる場面において、生涯学習の複合的性質が認められる一方で、最近の文書が提示する生涯学習のヴィジョンでは、経済的な考え方がおもな原動力になっており、生涯学習のおもな機能というのは「収入を得るための学習」、すなわち「新しいグローバル経済の要請のもとで雇用可能かつ生産的であり続けるための学習」になっているように思われるのである。

ＯＥＣＤの文書が非常に興味深いのは、それが生涯学習の民主的機能について言及しているだけではなく、生涯学習、社会的インクルージョン、そして「とくに社会的結束」の関係を強調しているからである。社会的インクルージョンと社会的結束に注目することは、民主主義の「薄い」定義として読まれる可能性がある。その場合、ＯＥＣＤの立場というのは、ＥＵの見解に比べて、経済還元主義の影響を被っていないと結論づけられるかもしれない。これは、（インクルージョン、結束、健康を含む）「学習の広範な利益」（Schuller *et al.*, 2004）と呼ばれる、近年のイギリスの関心ともよく整合している。このことは、狭義の経済主義的アプローチから離れた生涯学習への転換を示唆するように見えるけれども、シュラーが指摘したように（Schuller, 2001, p.94）、この関心というのは経済的な遂行性に向けた広範な利益の重要性に関する前提によって動機づけられているということを忘れるべきではない。また、社会的インクルージョンというのは、民主主義と同じではないということも忘れるべきではない。というのも、インクルージョンについての議論が、人びとにインクルージョンに対する自らの視点をもつことを認めるよりも、わたしたち自身のインクルージョンの定義に他者を包摂するかたちで、インクルージョンについて考える傾向をもっているからである（Katz, Verducci & Biesta, 2009 を参照）。

このように、生涯学習のトライアングルは、生涯学習の機能間の関係がさまざまな環境設定においてどのように異なるのか、またこの関係が時間とともにどのように変化してきたのかを理解する助けとなる。フォールにとって、民主主義は、生涯学習のおもな原動力であった。たとえ生涯学習の個人的な次元に明らかな強調点がおかれていたとしても、個人の発達と充足感は、民主化、社会正義、国際的な連帯の観点からつねに考えられていた。フォールにとって、個人の充足感と発達というものが道具的な位置づけをもっているのに対し、民主主義はそれ自体本質的な価値を表している。経済的な次元は、むしろ分離している。フォールにとって、それは民主主義の発展のための必要条件でさえない。わたしたちは、近年のアプローチのなかでは、生涯学習の経済的機能が中心的位置を担っていることを見て取ることができる。また、現在の計画では、経済成長が本質的な価値――なにか他のことを達成するためではなく、それ自身のために望まれている価値――になっていると言うことさえできるかもしれない。この計画のなかで、社会的インクルージョンと社会的結束の位置は両義的であるが、それらは本質的な価値を表すというより、道具的な価値を表す傾向がある。さらに、社会的インクルージョンと社会的結束が、必ずしも民主的なものであるとは限らないことも忘れるべきではない。このことは、第二の観察へと導いてくれる。

生涯学習の個人化と、権利と義務の反転

過去二〇年間に生涯学習の分野で生じたもう一つのことは、生涯学習の個人化の増大である。おそらく最初に書き留めておくべきことは、個人化が表現される方法や、それがある意味でこれらすべてについて語る際の言語そのものを変化させた方法であろう。今日、わたしたちが「生涯学習」という表現を簡単に用いている事実が示しているのは、すでに、この分野で個人化に関することがらが進んでいるということである。確かに、前の世代もまた、成人教育（たとえば、Lindeman, 1926を参照）、あるいは生涯教育（Yeaxlee, 1929）について語ってきたし、それらの表現はフォール報告

でも見られたものである。だが、多くの場合、「教育」が、教育者と生徒の相互行為にかかわる関係的概念である一方で、「学習」というのは、ある人が一人でおこなうことや自分自身でおこなうことを示している（Biesta, 2006を参照）。したがって、「成人の学習者」あるいは「学習者」という言葉を用いるときでさえも、すでにその分野を構成し概念化する特定の方法を選択していることを示している。

しかしながら、生涯学習の個人化は、概念的な問題だけではない。たとえば、フィールドは、生涯学習の新たな「教育的秩序」に関する著書のなかで、多くの成人がかかわる学習活動のアクチュアルな性質が変化していると述べている（Field, 2000）。彼は、ますます多くの人たちがあらゆる種類の学習形態に、ますます多くの時間と金銭を費やしていると論じている。そうした学習形態のなかには、伝統的な教育施設の内側でおこなわれるものもあれば、伝統的な教育施設の外側で、それとはまったくつながりのないところでおこなわれるものもある。公式的な成人教育に参加する容量と程度が向上しているという決定的な証拠があるだけではない。フィットネスセンターやスポーツクラブなど、学習の非公式的な形態の市場が急速に成長するとともに、自立支援セラピーのマニュアル、eラーニング、自己教育ビデオ、DVD、CDなどを通した学習もある。フィールドが「学習の静かな爆発」と呼ぶことがらの重要な特徴の一つは、新しい学習が個人化へと向けられていることである。すなわち、人びとは、一人でかつ自分自身で学習するだけではなく、これらの学習形式の内容と目的は、その人の身体、関係、アイデンティティのような個人的な問題に集中するのである。そのポイントは、ボッシャーによってうまくまとめられている。「今日の生涯学習が示しているのは、（中略）インターネットのサイトを閲覧して、教育が提供するスモーガスボード〔寄せ集め〕から選択する、知識のある消費者のことである。学習とは、個人的な活動なのである」（Boshier, 2001, p.368）。

しかし、ポイントは、学習がますます個人的活動になるというだけではない。学習経済の影響のもと、学習はますます個人的問題や個人的責任にもなる（たとえば、Grace, 2004; Fejes, 2004を参照）。学習経済の要請のもと、生涯学習の経済的機能のみが、「よい」あるいは望ましい学習として考えられるだけではない。学習の責任を個人へと移行する傾向もまた顕著である。あるいは、より大きな規模で見れば、学習の責任を国家のセクターから個人のセクターへと移行する傾向が見られる。学習経済において、学習は、集合的な善であることを終え、ますます個人的な善になっている。このシナリオでは、国家は、生涯学習の供給者や促進者ではなくなり、「学習市場」の規制者や監査役になっている（Biesta, 2004aを参照）。

生涯学習の個人化を手短に説明する一つの方法は、権利と義務の反転を引き起こしていると述べることである。過去において、生涯学習は、その資源や機会を提供する国家の義務に対応する個人の権利であったけれども、今日では、個人が責任をとる必要のある義務になっているように思われる。すなわち、生涯学習は、グローバル経済の要請に応え続けるために、すべての市民に、継続して学習にかかわることを要請する国家の権利となっているのである。なんらかの「有益な」学習の形態に参加しないということは、もはや選択肢のなかには存在しないように思われる。そのことは、たとえば政策立案者たちが「行き届かない学習者」――なんらかの理由で、「学習」に、正確には、国家と経済によって要請される種類の学習に、参加することができない、あるいは参加しようとしない学習者――という呼び方で表現する近年の関心に見られるものである。

生涯学習のポイントとはなにか?

生涯学習の個人化、とくに生涯学習が個人の責任と個人の義務になるという事実は、いくつかの重要な結果を招いている。わたしが提案したいもっとも重要な結果の一つは、生涯学習への動機にかかわることである。ここで困難な状況として、個人は自身の生涯学習に対して責任をとる一方で、学習に対するアジェンダはおもに別の人たちによって設定されている、ということがある。このことは、もし内容、目的、学習の方向についての決定がその人自身のコントロールを超えている場合でも、なぜ人は生涯にわたって学習に動機づけられなければならないのか、という問題を提起する。もし生涯学習の目的が個人によって定義されることができず、学習を「する」べき個人になにも利点がないのだとすれば、生涯学習のポイントとはなにか、と尋ねることになるだろう。たとえば、もし個人が適切な仕事のために訓練すれば、現在、EUが抱える一〇〇〇億ユーロの損失を減らすことができるかもしれないという考えによって、個人は動機づけられるべきなのだろうか。もし個人が適切なICTのスキルを獲得すれば、ヨーロッパを、世界中でもっとも競争力のある、ダイナミックな知識基盤経済にすることに貢献するだろうという考えによって、個人は動機づけられるべきなのだろうか。

もちろん、これらは、さらなる調査を要する実験的な問題である。この章の文脈から提案することができるのは、個人の責任と個人の義務という、生涯学習の奇妙な組み合わせが、その学習に参加する成人の動機に否定的な影響を与えるかもしれない、ということだけである。このことは、すくなくとも、「学習経済」において個人が抱える特定の困難な状況を、よりよく理解することの助けとなるだろう。これに関連して、三つの意見を述べたいと思う。

第一のポイントは、生涯学習のトライアングルへと連れ戻すことである。もし、生涯学習の経済的機能、民主的機能、個人的機能を区別することが意味をなすのであれば、わたしたちは、それぞれの機能で、どのようにして動機が異なった作用をするのかに関して、なにかしら言うことができるかもしれない。ここで指摘したいポイントは次のことである。すなわち、生涯学習の経済的機能に対する動機がもっぱら間接的である――労働というのは、それ自体のために価値づけられているというよりも（もちろん、このことは、人びとが労働生活から満足感を得ることができないと言っているのではないが）、たとえば、収入の創出を通して可能になるような、なにか別のことのために価値づけられているとする動機の考え方――のに対し、生涯学習の個人的機能と民主的機能に関連づけられた動機は、はるかに直接的で本質的である。もし学習経済の興隆が生涯学習に対する動機に圧力を課すのであれば、「収入を得るための学習」に対する動機は、生涯学習の個人的次元と民主的次元に対する動機よりも、さらに壊れやすいものであるだろうということを忘れるべきではない。

記憶に留めておくべき第二のことがらは、個人が責任としての生涯学習と義務としての生涯学習の矛盾を実際に経験する範囲が、学習経済の発展に向けた理論的根拠を理解し認識することにかかっているということである。もし成人が学習経済の議論を説得力があると考えるのであれば、彼らは、「スキルアップ」の義務に対する責任を喜んで引き受けるだろうし、生涯にわたってその学習を継続することだろう。だが、この理論的根拠は、どれほど強固なのだろうか。公式的な物語では、急速に変化するグローバル経済のなかで競争力を維持し続けるために、わたしたちは、知識経済に奉仕する、高度で熟練した労働力になると同時に、フレキシブルな労働力にならなければならない、とされる。このことは、ゆくゆくは国家と個人に経済的な豊かさをもたらすだろう、より多くの、よりよい、より高度な生涯学習と訓練が求められていることの理由である、と言われている。だがそこには、問われるべき重要な問題がある。より多くの、「よりよい」、より高度な教育が、経済的な豊かさを導くというのは、本当だろうか。あるいは、豊かな経済というのがたいてい高学歴の労働力を有しているという事実に対する説明は、こうした経済がさらなる教育への投資を可能にするという事実に見いだされるべきなのだろうか。労働力全体がより高度なスキルを求めており、わたしたちは知識経済のなかで生活し、知識経済に向けて進んでいるというのは、果たして本当なのだろうか。多くの仕事では、スキルが低くフレキシブルな労働力（たとえば、コールセンターの窓口業務の成長など Frenkel *et al.*, 1999; Holtgrewe *et al.*, 2002 を参照）が求められるだけである一方で、高度なスキルが求められる労働の集団があり、社会の内部と社会の間の両方で、労働の二極化が生じているというのは、本当なのだろうか。さらに、より広い展望に関係して、問われるべき根本的な問題もある。すなわち、グローバル経済というのは、わたしたちが、個人として、国家として、EUとして適応しなければならない単純な事実であるという主張にかかわる問題である。経済のグローバル化は、「事実」というよりも、特定の国家、集団、階級、企業、個人の利益のために、少数の者たちによって積極的に追求されているものだというように、考えることはできないだろうか。経済成長それ自体は必要なのだろうか。経済成長とは異なる未来、すなわちそれとは異なる一連の価値にもとづく未来というのを描くことは可能なのだろうか。学習経済は、万人のための豊かさを確実に創造するのだろうか、あるいは、たとえば、先進国と発展途上国と呼ばれる国の間や、社会のなかで資産を「持つ者」と「持たざる者」の間で、現在の経済的不平等を単に再生産するだけなのだろうか、という問いもある。結局のところ、生涯学習がなにか別のものにとって有益であり続けるとすれば、学習経済における生涯学習のポイントとはなんなのだろうか。

　第三のポイントは、個人の責任としての生涯学習と、義務としての生涯学習の間に起こりうる矛盾が、生涯学習の分野にだけ限定されて生じている困難ではないかもしれない、という点である。社会学者のジークムント・バウマンは、著書『リキッド・モダニティ』（Bauman, 2000）で、こうした困難な状況というのが、現代社会において広範囲に見られる傾向の一部に過ぎないと示唆している。バウマンは、著書のなかで、近代（モダニティ）を二つの「段階」に区別している。それは、古い「固定的（ソリッド）で壮大な」近代の時期と、現代の「液状的（リキッド）で流動的な」時期の区分である。バウマンによれば、近代化は、つねに個人化を含意している。またそれは、社会的、文化的、宗教的な伝統など、すべてを包括するような影響力を克服することを含意している。バウマンが述べるように、個人化は、「人間の『アイデンティティ』を『所与のもの』から『獲得するもの』へと変え、行為者にその課題を成し遂げるための責任を負わせることから成り立っている」(Bauman, 2000, p.31)。個人化は、バウマンが理論上の自律（ibid., p.32）と呼ぶものの設立を含意している。固定的モダニティと流動的モダニティを区別することは、そのようなものとして個人化のプロセスがあるのではなく、一方で自己主張の権利と、他方で「自己主張を実行可能にする社会環境をコントロールする」（ibid., p.38）力の間に、「とてつもなく大きなギャップ」があるということを意味している。バウマンにとって、これは「流動的モダニティの主要な矛盾」（ibid.）である、とされる。わたしが提案したいのは、学習経済において、生涯学習の参加者の立場に明確に見られる矛盾である。すなわち、その矛盾というのは、生涯学習の参加者が自身の学習に責任をもたされる一方で、彼らが学習する内容、目的、「ポイント」に対して、わずかな影響しか与えることができない、という立場に見られるものである。バウマンの言葉を用いれば、彼らは、理論上の自律をしているが、事実上の自律を欠いているように思われるのである。では、わたしたちは、ここからどこへ向かえばよいのであろうか。

結論——学習する民主主義に向けて

この章では、生涯学習の分野における最近の変容を分析した。わたしは、この変容が個人に与える結果に焦点をあててきた。そして、学習経済の興隆によって、生涯学習が権利であることを終え、代わりに、個人の義務と責任になる状況が生じている、と論じてきた。わたしは、この困難な状況が、生涯学習に参加する動機、とくに学習経済によって要請される「収入を得るための学習」に参加する動機に、否定的な影響を与えている、と示唆した。加えて、この困難な状況というのは、生涯学習の分野だけに生じている問題ではなく、現代の（ポスト）モダン社会の一般的な発展を特徴づけるものと言ってもよいかもしれない、と示唆してきた。

これらの発展を多少離れたところから見るならば、生涯学習の参加者は、生涯学習の定義をめぐる論争や、「本当の」あるいは「やってみる価値がある」と見なされる学習とはなにかをめぐる論争に、巻き込まれていると言えるかもしれない。この論争は、単なる概念的なものに過ぎないのではない。というのも、それは生涯学習のために利用することのできる資源に直接影響を与えるからである。生涯学習を私的な善——生涯学習の価値が経済的機能とのかかわりから見いだされ、経済的なセクターにおいてのみ、個人や他のプレイヤーが価値をもつという考え——とすることによって、生涯学習の集合的資源、とくに生涯学習の個人的な次元と民主的な次元という二つの異なる次元を求めることがますます難しくなってきている。

学習経済の発展の必要性に関する議論は、しばしば生涯学習の個人的な次元に対して否定的なことが多い。学習経済の提唱者は、フラワー・アレンジメントやくだらない授業の講座など、成人教育とは関係ないとされる事例をしばしば取り上げて、成人教育がそろそろ「現実的になるべき」だと論じてきた。学習経済の提唱者は、こうした学習の機会の存在それ自体に反対しているわけではないけれども、集合的資源が、彼らの見解では、完全に私的な問題に見える資金のために利用されることの理由を理解することができない。生涯学習の幅広い効果――この場合、個人の生涯学習による幅広い効果――に対する関心が生じるのは、まさにここにおいてである。というのも、個人的充足感に向けた学習が、個人の健康や社会資本の発展などの側面に積極的な影響を与えるというのが事実だとすれば、集合的資源を利用可能にすべきだということが主張されうるからである。このことは、生涯学習の個人的機能に対する資源の利用可能性に積極的な影響を与えることになるだろう。一方で、もちろん、そのことは集合的な善として個人的次元を認めることを含意することになる。結局のところ、生涯学習の幅広い利益への関心は、なによりもまず単純な費用便益分析によって供給されているのである。

これらすべてに関して見落とすべきでないのは、生涯学習が経済的機能と個人的機能によって疲弊しているわけではないということである。最近の学習経済の興隆の観点から見て問われるべき重要な問題は、生涯学習と民主主義の関係についての問題である。民主主義は、生涯学習を必要としているのだろうか。もしそれが必要だとするならば、どのような種類の生涯学習が必要とされるのだろうか。わたしたちは、民主主義を、それ自体について学習する能力や意思をもつ社会として定義すべきなのだろうか。わたしたちは、民主主義を、差異や他者性との出会いから学習する能力や意思をもつ社会として定義すべきなのだろうか。民主主義は、学習する民主主義としてしか存在しえないというのは本当だろうか。わたしたちは、現在の経済用語にもとづく生涯学習の環境設定について懸念すべきなのだろうか。

これらの問いというのは、単なるレトリカルな問題ではない。実際、わたしは、学習経済をヘゲモニーに近いものと考えるべきであり、まさにこうした理由によって、生涯学習の民主的な次元を再生する喫緊の必要性があると信じている。このことは、生涯学習というものが、すくなくとも三つの同じくらい重要な次元をもつ概念であると認めることによって、生涯学習のバランスのとれたアプローチをもたらすためだけではない。生涯学習の民主的な次元を再生する必要性は、バウマンの研究に準拠している。すなわち、流動的モダニティの特徴である個人化――理論上の自律と事実上の自律の間にあるギャップによって特徴づけられる個人化――は、公共的領域の消滅、すなわち民主主義政治それ自体の消滅を意味している、というものである。これまでに見てきたように、バウマンにとってのおもな矛盾というのは、「理論上の個人の現状と、彼らが自らの運命に対するコントロールを得ることや本当に望むものを選択する（中略）機会との間に、広くてますます大きくなるギャップ」（Bauman, 2000, p.39）があることである。バウマンは、このギャップを「個人の努力だけで埋めることはできない」(ibid.) と論じている。このギャップというのは、「私的な問題が公共的な問題へと翻訳され、公共的な解決が探られるような、公／私の中間点である公共空間の空洞化、とりわけ『アゴラ』の空洞化によって」あらわれ、広がるものとなる (ibid.)。このことは、バウマンが、現代の個人化された社会のなかで、「『公共的領域』の縮小ではなく、さらなる拡大を」(ibid., p.51. 強調は原文のまま) と求めて論じる理由である。わたしたちは、「彼らがもう一度『よき社会』や『正しい社会』のヴィジョンの姿を獲得することができるように、(中略) 私的なトラブルを、個人の関心の総和よりも大きな公共的な関心へと」(ibid.) 凝結させ凝縮するための能力を必要としている。そのために必要なのは、さらなる民主主義である。だが、民主主義というのは、人びとが適切なスキルや資格を獲得しさえすれば、経済成長と競争力がついてくるだろうという、学習経済の提唱者が仮定するのと同じ方法で創出することができるものではない。民主主義には、修了証や卒業証書のようなものがあるわけではない。もっとも端的な定式において、民主主義というのは、差異から学習することであり、わたしたちと異なる他者とともに生きることを学習することである。まさにこうした理由によって、民主主義は、人生からのみ学習することができるのである。そして、そうした民主主義の学習は、本当の意味で、生涯にわたる課題なのである。

第六章　学習する民主主義に向けて

前章では、過去数十年にわたる生涯学習の「アジェンダ」の移り変わりを指摘すると同時に、民主主義の観点から、生涯学習がもつ民主主義の次元を検討し、また生涯学習にとっての民主的合理性の腐食を懸念するべきかどうか、検討してきた。このことは、民主主義と生涯学習の関係に次のようないくつもの問題をもたらした。すなわち、民主主義が生涯学習を必要とするか否か、もし必要であるならばどのような学習が必要なのか、そして民主主義社会を民主主義自身について学習する意思と能力をもつ社会として見なすべきか否か、といった問題である。わたしはこうした問いを、民主主義は、実際、学習する民主主義としてしか存在しえないのではないか、という問いとして要約したい。こうした問題に取り組む本章では、現代的な民主的なシティズンシップの条件と学習の（潜在的）役割への重要な洞察を提供する三冊の著作の議論をもとに、さらに詳細に述べていくことにする。

最初の著作は、パティらの『イギリスにおけるシティズンシップ――価値・参加・民主主義』(Pattie *et al.*, 2004) である。これは、一八歳以上のイギリスの成人、一三〇〇〇人以上を対象に、二〇〇〇年と二〇〇一年におこなわれた「シティズンシップ検査」という大規模調査で確認されたことを報告するものである。同書が提示するのはイギリスにおける政治参加とボランティア活動、およびそうした参加や活動を下支えする考えや価値の全体像である。同書が試みるのは、イギリスのシティズンシップの本性が変わりつつあること、およびその変化の結果についての説明である。『イギリスにおけるシティズンシップ』がマクロな像を描く一方で、コールとジョンストンの『成人学習・シティズンシップ・コミュニティの声』(Coare & Johnston, 2003) はミクロな視界を豊富に提示している。コミュニティを基盤とする実践のケース・スタディから同書が試みるのは、コミュニティを基盤とする実践、成人学習、シティズンシップ、そして民主主義の間の関係を解きほぐし理解することである。三番目のものは、マーカンドの『公共的なものの衰退――シティズンシップの空洞化』(Marquand, 2004) である。同書は歴史的で哲学的な次元をこれまでの議論に導入するものである。同書は、イギリスの政治生活における公共的領域の「盛衰」の記録から、健全な民主主義にとって必要なのは強くて鮮やかな公共圏であると主張する。もし、成人学習が私的なものではなく、また個人的なものにのみ関心をもつのではなく、公共圏に属し、ある程度この公共圏を構成することさえあるものだとすれば、学習経済の出現が健全なイギリス民主主義へ与える影響に懸念を覚えることは不思議ではない。

イギリスにおけるシティズンシップ

すでに第一章でみてきたように、多くの政治家や政策立案者は、イギリスにおける民主主義の状況に関する深い関心をもってきたし、今日に至るまで変わっていない。彼らが不安に思っているのは、政治参加が芳しくなく、その理解が低い一方で、「社会についての道徳的、経済的、政治的、社会的な基本構造の腐食が一見すると浸透しているようす」である（Kerr, 2000, pp.74-75）。『イギリスにおけるシティズンシップ』の卓越した長所の一つは、その著者たちが、イギリスの市民生活について、経験的基盤をもつ説明を提示するべく、レトリックを超えて、本格的に取り組んだことである。彼らの研究は、イギリスの人びとを代表するサンプルにもとづいて、三五三八の被験者からなる対面調査と、九九五九の回答者からなる郵送による質問紙調査によるもので、そこで報告されているのは、イギリス市民の市民としての態度と振る舞いだけではない。それは、シティズンシップの妥当な側面の提示を試み、市民の参加が比較的弱いコミュニティよりも力強く地域的な市民文化があるコミュニティの方が上手くやっているかどうかを検討しながら、「ささいな」問題に答えを与えようとするものでもある。

『イギリスにおけるシティズンシップ』の最初の部分で著者たちが提示するのは、市民としての態度と振る舞いについての概観である。市民的態度についてその調査が示しているのは、一般的に、それらが活発であり健康な状態にあるということだ。人びとが住むその国に自分を同一化する程度は他のどの地域的編成に同一化することよりも強く、人びとはイギリスのシティズンシップに誇りをもち、法を重んじ、脱税を大目に見ることなく、選挙に行く義務があると信じ、さまざまな仕方で集団的な善に寄与する行動の責務があると感じている。しかしイギリスは、権利に対して選択的アプローチを取っている。人びとは、死を選ぶ権利のような、なんらかの私的なものに関する権利があると考えているが、たとえば同性愛の権利などには協力的ではない。同様に、国家が認める権利についても、人びとは選択するものとして考えているのである。人びとは政府が貧しい人びとの面倒を見る義務があると考えているが、仕事を貧しい人びとに与えるべきだとはあまり考えてはいない。政治制度への態度についての全体像から明らかになるのは、三人に一人だけがイギリスの民主主義に満足しており、政府は多数派の意見に対して鈍感である、ということである。政治的影響力についての人びとの感覚は、国政よりも地方政治レベルでその影響力があると感じているようすにもかかわらず、低い。政治家への公共的な信頼はきわめて低い。地方議員になるという伝統的な政治的関与は、まったく情熱を引き起こさない。にもかかわらず、人びとは、投票することを重要なこととして見なしているのである。この調査が示しているのは、年齢、ジェンダー、職業、宗教、収入、教育、民族、居住地によって態度が多様であり、また民族的背景は他のものよりもあまり重要ではないということである。

市民の振る舞いにかかわる重要な一つの結論は、市民的関与からの公衆の退去の兆候を示すデータなどないということである。市民は、さまざまな政治活動に関与しており、「不参加を正式に証明した」わけではない。とはいえ、調査における政治活動の定義は広く、ルール、法、政策に影響を与えるものならなんでも含むものとなっており、この基準では、四人のうち三人が政治活動に関与しているとされる。注目したいのは、その政治活動のもっともありふれた形態が個人が独りでするものであるという傾向だ。たとえば、金銭を恵むこと、署名すること、特定のタイプの商品を購入することなど、他の人びととの交流を必要としないものである。こうしたことが、この著作を「原子化された市民」（Pattie *et al.*, 2004 p.275）についてのものであると著者たちが述べるおもな理由である。つまり、調査が明確に示しているのは政治活動の個人主義的形態の勃興である。もう一つの鍵となる知見は、政治的関与が、すでに十分に資源を投じられた、つまり、もっとも高度な教育を受けた裕福な人びとと、職業階層の上層出身の人びとによって、おおかた支配されているということである。著者たちが正しくも強調しているように、政治の声は著しく多い資源をすでにもっている人びとに偏らざるをえないのである（ibid., p.109を参照）。類似のことは、社交生活とインフォーマルな活動についても言うことができる。調査が指摘しているのは、人びとがきわめてネットワーク化されていることである。調査報告によれば、三人に二人がある組織に所属しているか、インフォーマルな集団に参加しているか、あるいは、近隣のサポートネットワークに参加している。けれども、裕福な人びと、十分に教育を受けた人びと、専門的、経営的な職業が背景にある人びとが、またもやその場を占めていることも報告されているのである。社交生活の二つの側面を別々にみると、数値はより低いものとなる。回答者のたった五人に一人だけが、インフォーマルなネットワークに参加していると述べている。たとえば、パブクイズチーム、読書会、親子の会、子育ての会などである。そして、三人に一人だけが、近親の家族にとどまらず、病める人びと、近所の人、顔見知りへの積極的な援助を提供している。組織に正式に所属することは、自動車関連組織に属している二九％を筆頭に、次に労働組合に参加している人、そしてスポーツ・アウトドア系の活動にかかわる人が三番目を占めている（それぞれ、九％と八％である）。このことから言えるのは、労働組合のような組織にかかわることは、車の故障に対する単なる保険政策よりも重要であるにもかかわらず、かなり少ないということだ。また、この調査は、イギリス市民の社交生活におけるスポーツの相対的重要性も強調している（たとえば、宗教関連組織の構成員の三倍である）（Biesta, 2001を参照）。

『イギリスにおけるシティズンシップ』の第二部で検証されるのは、五つの異なるシティズンシップ理論の説明力である。著者たちは、まず、シティズンシップについての選択ベース理論と構造ベース理論といった区分を設ける。前者は、シティズンシップを行為主体である個人がなした選択から現れるものと見なし、後者は、シティズンシップを、さらに、個人が属すグループおよびより一般的に個人が生きるその社会の規範、価値、振る舞いの結果として見なすものである。選択ベース理論には二つあり、その一つは認知関与理論である。この理論が前提とするのは、情報への個人のアクセスと、詳しい情報にもとづいた選択となるように十分に情報を使う能力と意欲に参加は依拠している、というものである。もう一つのものは、一般的なインセンティブ理論であり、これがいっそう注目するのは、人びとの参加と関与を促進するインセンティブである。構造ベース理論は三つあり、その一つである市民ボランティア主義モデルでは、市民参加を、三つの要素の相互作用の結果として捉えている。その三つとは、資源（時間、金銭、市民のスキル）、政治の効果と政治への没頭の感覚といった市民的態度、そして参加する責務を感じることである（この感覚それ自体は、仕事、家族、教会、組織といった社会的ネットワークにおける重要な他者からの「参加への要請」の産物である）。構造ベース理論の第二のものである平等公正理論は市民的、政治的参加の説明の焦点を、おもに、個人やグループが特定の状況において不利な状況にあると自認する程度にあてている。この理論では、その程度が、政治的に活動的になるためのおもな動機づけの要素として見なされている。第三の理論である社会関係資本モデルが提示する市民参加の説明は、信頼の重要性に注目するものである。よそ者を信頼する意欲は、強力な社会的紐帯の創出における鍵となる要素として見なされ、市民的関与と政治参加の高い度合いをもたらすと考えられているのである。著者たちは、こうした理論がそれぞれもつ長所と短所について非常に有益な議論を提供すると同時に、それぞれの理論を経験的に支える非常に洗練された考察も生み出している。もちろん、いずれの理論もそれだけで全体を描くことなどなく、いくつかのモデルは、他のものよりも、イギリスにおけるシティズンシップの固有の次元を説明するうえで重要だということである。

たとえば、権利に対する態度について言えば、平等公正モデルと市民ボランティア主義モデルは、権利が奪われていると感じる個人、解雇された個人、少数民族や女性が、一般的な人びとよりも、権利擁護のための国家の介入を支持しやすいことを理解するうえで、最良の説明力をとりわけもっているように見える。言い換えると、資源の欠如が権利要求を生みだしているように思われるのである。他方で、一般的なインセンティブ理論と社会関係資本モデルは、シティズンシップがもつ「自発性への責務」の次元に影響を与える要素を理解するうえでとりわけ重要である。この次元に含まれているのは、自発的な活動と市民としての奉仕への肯定的な態度および法の遵守である。一般的なインセンティブ理論は、個人主義的な政治参加（寄付をすること、署名すること、政治的あるいは倫理的理由からグッズを購入すること）を理解するにあたって重要な役割を果たしている。その一方、認知的関与モデルによってよりよく説明されるのが集団的な政治活動であり、それによれば、政治に関心のある回答者と、中等教育以上の教育を受けた回答者が集団活動によりいっそう参加する傾向にある。見過ごせない重要な知見は、社会関係資本がフォーマルグループとインフォーマルグループのメンバーシップという観点から定義される場合、もっぱら、参加とボランティアへの社会関係資本の影響が弱いように見えること、および、信頼がそうした参加を促進するという考えの裏づけが見いだせないことである。信頼がもつその作用は、肯定的な効果をもつというよりは、むしろ不安定なものであり、否定的なかたちで効果が現れたり、現れなかったりするものなのである。

『イギリスにおけるシティズンシップ』の第三部と最終部で検討されているのは、出力（公的サービスの水準）と結果（受け手にとっての公的サービスの質）の観点から定義された、生活の質およびシティズンシップの質の地域的な相違点の間の関係である。シティズンシップの質は、出力のレベルに影響を与えるようには見えないが、その結果には効果を及ぼしている。このことは、著者たちに、よきシティズンシップは生活の質に肯定的な影響を与えるという結論をもたらしている。この説明の興味深いところ、すくなくとも理論的観点から興味深いところは、出力・結果とシティズンシップの関係の著者たちの説明が社会関係資本理論にとって予想を裏切るようないくつかの結論をさらに導いている点である。もしそうした結論が正しいならば、オリバー（Oliver, 1999; 2000）の調査にもとづいた「郊外型民主主義」説、つまり、同質的なコミュニティよりも、異質なコミュニティの方がより活発な政治的活動になると述べるアプローチが、よりよい説明枠組みを提供しているように見える。加えて、著者たちは、収集したデータの二〇〇〇年と二〇〇一年の変動から確認できたことを比較して、シティズンシップの動態についても述べようとしている。データは市民の態度と振る舞いにおけるある増加を示しており、このことから、二〇〇一年の選挙以降は、それ以前よりも、イギリスは市民が参加する社会となっていると結論づけるのである。しかしながら、この結論に対する経験的な基盤に十分な強度があるようには見えない。

最後の章で著者たちが描くのはいくつかの重要な結論である。著者たちは議論の最初で次のような中心となる知見を再度述べ直している。イギリスの市民は政治への不参加を正式に表明したわけではなかった。しかし、参加の本性はより個人主義的になった。権利と責務を承知し、ボランティア活動や政治活動に積極的に参加する多くの「よき市民」がいる一方で、その責務を認めずに権利を要求する「わるい」市民もまたいる。しかし、著者たちがいそいで付け加えているのは（これが非常に重要なポイントであるが）、同書の第一の関心が権力と資源に欠けている個人にある、ということである。しかし、こうした個人は、同時に、政治活動にもっとも参加しそうにない人びとである。このことが導くのは、イギリスは（依然として）、「市民的関与の高い水準と裕福な生活のもとで、有力な人間関係に恵まれた市民のグループと、ネットワーク、社交生活、政治への参加が非常に限られているグループ」（Pattie *et al.*, 2004, pp.267–268）とに分断されている、という不安をかき立てる洞察である。

シティズンシップの個人化は、参加のあり方に影響を与えるだけでなく、次の事実にも現れている。すなわち、公共圏における組織が、ますますより個人主義的な問題、つまり、利益団体と圧力団体の隆盛に顕著な問題を中心に規定されているという事実である。ここで起きていることは、連帯の腐食として特徴づけられるか、あるいは著者たちが言うように、「コストを引き受けるインセンティブをもつのではなく、だれもが利得を探し求めるインセンティブをもつ」（ibid., p.276）という状況の出現として特徴づけられる。この展開は、新しいタイプの市民的なアイデンティティの出現と緊密に結びついている。そのアイデンティティとは、公共サービスの消費者としてのそれである。別のところですでに詳細に述べているが（Biesta, 2006, Chapter 1を参照）、消費者としての市民の台頭は、供給者としての政府の台頭と密接な関係があり、また国家と市民の関係の、政治的なものから経済的なものへの変容をともなうものである。この変容において危機にあるのは、『イギリスにおけるシティズンシップ』の著者たちが明らかにしているように、「支配者と支配される者の間の対話の衰退、つまり熟議の衰退」(Pattie *et al.*, 2004, p.278) である。このことは、民主主義それ自身の衰退の兆候として見なすことができる（詳しくは後述する）。まさにこうしたもろもろの理由によって、原子化された市民の台頭の潜在的な含意は、著者たちが考えている以上にやっかいなものかもしれないのである。ここでの鍵となる問いは、手短に言えば、原子化された市民は実際に市民と呼ばれうるのか、あるいは、原子化されたシティズンシップは撞着語法かどうか、である。

こうした形勢は逆転されるのだろうか。著者たちは、「よき」シティズンシップに寄与する要素の多くがコントロールし難いものであり、またイギリス社会が展開していくその方向と反目しているように見えることに十分気づいている。彼らがシティズンシップを強化するために示した四つの提案（(1) 学校におけるシティズンシップ教育、(2) 地方や地域への権力の移譲、(3) 政治的情報操作の縮小、(4) 強い共通の規範と価値をともなうインクルーシブで平等な社会の創造）はよく理解できるものだが、同書自身が示しているように、イギリスのシティズンシップを取り巻くいくつかの問題はより深刻化しており、必ずしもこうした提言にもとづいた行動によって取り組まれるものではない。また、「わるい」シティズンシップが、「まちがった」価値や態度の結果であるというよりも、多くの場合は資源の欠如の影響であると示すことで、同書は次のような考えに立ち向かう、有無を言わせない反論を用意している。その考えとは、巷間いわれる民主主義の危機の責を問われるべきは個人であり、「シティズンシップのレッスン」は若者にとっても年配者にとってもその危機に取り組むのに十分だ、というものである。また、同書が示すのは、人びとの認識と動機に対してもつ当の人びとのシティズンシップの実際の条件の決定的重要性でもある。

しかし、『イギリスにおけるシティズンシップ』には驚くべき欠落がある。シティズンシップを理解する際の（成人の）学習の役割について、一言も述べられていないのである。調査は政治に参加する人びとの正規教育の水準について報告するなかで、この要素は市民としての態度と振る舞いにおける違いを説明するための独立変数として用いられているに過ぎないのである（すべてのケースで、結局は重要な要素となっているのだが）。調査が可視化しえていないのは、人びとの実際の「シティズンシップの条件」の結果として当人たちが学習したものである。その学習に含まれているのは、人びとに利用可能な資源および人びとの生活にかたちを与える条件に、当人たちが影響を与えられると感じるその程度である。あるいは、可視化できていないのは、そうした学習が人びとの市民としての態度と振る舞いに影響を与えるそのあり方である。ここで疑問に思うのは次のことである。民主的な行動から肯定的な経験を得ている人びとは、より民主的に、よりコミットした市民になるのだろうか。そして、権利を奪われた人びとは、資源の欠如あるいは民主的な行動の肯定的経験の欠如から、民主的なシティズンシップへの関心がますます奪われていくままなのであろうか。驚くべきことに、成人教育への参加は、組織の正式な成員資格のリストからも抜け落ちているし、インフォーマルな社交生活の実例のなかにも取り上げられていない。後者は部分的に、前章で述べた成人教育分野の変容を反映していると推測してもよいかもしれない。けれども、おそらくは、著者たちがなによりもこのことについて質問することなどまったく思いつかなかった、というところだろう（フォーマル／インフォーマルな社交的活動についての調査質問の項目に教育が挙げられていないのである）。もちろん、忘れてはならないのは、シティズンシップ調査が横断的研究であり、同時に、シティズンシップへの学習の影響については、長期的なデザインのもとでのみ適切に取り組まれうる、ということである。また、調査研究が、非常に多くの変数間のパターンを見分けるのに非常に有効である一方、その基層をなすプロセスを理解するためには別のタイプの研究が必要だということも忘れてはならない。このことはちょうど次に取り上げる著作があつかっていることがらである。

成人学習とシティズンシップの実践

『成人学習・シティズンシップ・コミュニティの声』（Coare & Johnston, 2003）は、学習とシティズンシップの間の複雑な関係について、研究者と実践家がもつ洞察と経験についてまとめたものであり、その特徴は、コミュニティを基盤とした行為というレンズを通してまとめられている点にある。同書の最初の部では、全体構成をはじめとして、成人学習とシティズンシップの議論についての歴史的、社会的文脈が提示されている。最初の章で、ジョンストンが事実としてふまえるのは、現代社会を特徴づけている経済的、政治的、社会的、文化的な変化である。グローバリゼーション、多様化、個人化は、「市民自身の状況の理解の仕方、社会へ適合する仕方、それを問題にする仕方、そして、個人的にも集団的にも、市民として権利を行使し責任を引き受ける仕方」（ibid., p.7）を市民があらためて学習する必要のある社会へと至らしめたのである。ジョンストンは、このことを、成人教育とそのシティズンシップの取り上げ方に次のような概観を与えて、強調している。すなわち、リベラルな伝統が、幅広い社会的、経済的な条件および制約の役割を理解しつつ個人の啓蒙に焦点を絞る一方、革新的な伝統は、私的で個人的な側面を取るに足らないものとしつつ、シティズンシップの公共的で政治的な次元に焦点化し過ぎる傾向がある、と。そこでジョンストンが提示するのは、成人教育へのコミュニティ・アプローチであり、これはリベラルと革新の二つのアプローチの一面性を乗り越える方法とされる。コミュニティ・アプローチが提示するのは、「構造と行為主体の両者に（地域特有の）注意を払い、異なるアイデンティティおよび文化を認め、私的なものと公共的なものの間を結びつけるリンクを設ける、地に足のついた特殊性」（ibid., p.16）の可能性である。したがって、成人教育のコミュニティ・アプローチは、ジョンストンが述べるように、「革新派の批判的な構造分析と、リベラルな成人教育がもつより限定された社会的目的との調停を目指している」（ibid., p.16）のである。

ジョンストンはこうした主張が批判的に検討される必要性について気づいている（そして、洞察や経験をまとめる目的は、コミュニティを基盤にした実践、学習、シティズンシップからなるより広い枠組みにもとづいたケース・スタディの提示を通して、適確かつ批判的に検討されなければならないことに気づいている）。ジョンストンは、成人教育へのコミュニティを基盤にしたアプローチの危険のいくつかについて明らかに気づいており、なかでも、コミュニティがもつ文脈はより広い社会的・政治的プロセスの一部であることを忘れる「ロマンチックな地域主義」にもっとも危険を感じている。ジョンストンは、先進資本主義諸国において、「あまりにも多くの場合、コミュニティ志向が意味するのは、地域化されたものの売買であり、またありきたりでおおかた再生産的なカリキュラムへの消費主義的関心に過ぎない」(ibid., p.18) ことに十分気づいているのである。とはいえ、必ずそうした危険が生じるわけではない。コミュニティ教育は、その最良の場合においては、「いっそう形式的な教育の規定からは取り去られてしまった学習空間を提供することができ、したがって、制度上の規範あるいは要件によって過度に影響を受けたり、形作られたりすることのない学習文脈を提供する」のである。この学習文脈によって可能となるのが、「学習の多種多様な関与」のための機会であり、「参加とアクティブ・シティズンシップの欠くことのできないような部分である『声』の発達」のための機会である (ibid., p.18)。こうした見通しにそってジョンストンは、コミュニティを基盤にした成人教育が「地域レベルでの政治の再発明」(ibid.) の可能性をもつことさえあるかもしれない、というのである。

この可能性と緊密に結びついているのが、成人学習の (重なりあう) 四つの次元の一つである。四つの次元とは、学習とシティズンシップの関係を理解するためのジョンストンが提示する枠組みをなすもので、その一つとは、アクティブ・シティズンシップへ向けた成人学習である (他の三つの次元とは、インクルーシブなシティズンシップ、複数主義的なシティズンシップ、反省的なシティズンシップである)。アクティブ・シティズンシップの成人学習は、「学習と活動の不可欠な結びつき」に注目し、「市民社会の幅広い領域のいたる所で」(ibid., p.62) 実践することによる学習を必要とするものである。ジョンストンは、学習文脈の「硬軟の連続性」、すなわち「地域的な学習グループから、研究サークル、ボランティア組織、そして社会的大衆的運動を担う異なるタイプのコミュニティ・グループに至るまでの幅」(ibid.) がある、と述べている。こうしたグループに共通しているのは、学習が必要とされていること、個人の「声」や集団的な「声」を励まし発展させようと努めていることである(ibid.)。こうしたさまざまなグループの可能性を議論する文脈においてジョンストンが参照するのは増大する研究成果の蓄積である。そうした蓄積が実際に明らかにしているのは、グループ活動への参加がシティズンシップへの肯定的な効果をもつ学習をもたらしていることである(たとえば、Merrifield, 1997; Elsdon, 1997; Larsson, 2001)。こうしたプロセスにおいて成人教育にかかわる人びとの役割は節度あるものでなければならないとジョンストンはいう。「植民地化」あるいは「商品主義的な関与」の危険を避けるために、いかなるイニシアティブ(提案)も、できる限り「個人あるいは社会的グループあるいは運動の領域とその言葉遣いにもとづいたものであり、また教育制度がもつ直接的な帝国主義的まなざしの外側にある」ように努めなければならないのである(ibid., p.64)。

コールは、『成人学習・シティズンシップ・コミュニティの声』の序論で、シティズンシップについての重要な洞察を付け加えている。イギリスにおけるシティズンシップの歴史を手短に概観するなかでコールが指摘するのは、サッチャー政権は国家と市民の関係を単に改造したのではなく、「引き裂いてしまった」（ibid., p.43）という点である。サッチャーによって、シティズンシップは、政治的徳ではなく、道徳的徳の問題となった。そして、自分自身の社会的、経済的なしあわせの責任は個人にあるものとされたのである。しかし、正しくもコールは、市民としての権利を行使するためには、また、シティズンシップの責務を果たすためには資源が必要だと述べている。資源とはつまり「知識、ネットワーク、時間、同一化可能な『声』」（ibid., p.45）である。このことが、シティズンシップの条件を決定づける資源に注意をまったく払うことなしに、個人にシティズンシップの責任を負わせようとする考えが問題であることのまったき理由である。さらに、生涯学習の機会に対する、「経済的な要請」の影響についてもコールは述べている。ここでのポイントは、インクルージョンという政策課題（アジェンダ）をもとにして成人への生涯学習の機会がはっきりと広がってきたものの、こうした政策の目的が第一に、「政治生活ではなく、国家やコミュニティの経済生活へのより十全な参加」（ibid., p.46）を成人ができるようにすることであった点にある。まとめるならば、こうした考察からコールが肯定的に主張するのは「人びとが市民として活動することを可能にする機会と条件を生み出すこと」（ibid., p.48）である。

最初の数章をもって、現代社会の成人学習の機能と役割の議論における立場が明らかにされている。著者たちが述べているのは、シティズンシップの学習とシティズンシップにかかわる活動を可能にするための空間を生み出すとき、コミュニティを基盤にした実践は多くのものを備えているということである。では、同書の第二部を構成する七つのケース・スタディは、そうした可能性を保証しているだろうか。当然のことながら、あるものは保証しているが、あるものはそうではない。ベリスとモリスによる章で取り上げられているのは、難民と亡命希望者がイギリス社会において自らを市民として確立する経験である。この章の下敷きとなっている小さなプロジェクトが強調しているのは、英語学習やイギリス社会の複雑さについての知識といった、教育上の援助の重要性である。しかし、同時にこのプロジェクトが可視化するのは、そうした援助と理解ある政策の多くが欠陥のあるモデルに依拠していることである。そのモデルとは、すべての難民と亡命希望者が類似のニーズをもっていて、そのニーズは、言語、ＩＴ、シティズンシップのレッスンの同一の一括サービスによって満たされると想定するものである。このモデルが、二流のシティズンシップの経験を生み出すということは考えられなくないことであり、この二流の経験が、難民と亡命希望者の市民としての態度と振る舞いに対して、イギリスのシティズンシップの公認レベル以上に強い影響を与え、シティズンシップの「レッスン」として機能しているかもしれないのである。このプロジェクトへの参加者はすべて、インクルージョンの重要性と、イギリス社会に所属している意識について強調するのだが、他方、著者たちは「インクルージョンは同化を意味してはならない。むしろ、はっきりとした文化的多様性としなやかさを賞賛し、既存の知識、才能、技能を承認することでなければならない」（Coare & Johnston, 2003, p.89）と強調している。

このように、難民と亡命希望者がおかれたシティズンシップの状況の、その結果としての暗黙の学習に注目すると、こうした人びとの経験においてシティズンシップと学習とが結びついているのがわかる。他方、環境問題活動にとって必要な学習についてのムーアによる章が述べているのは、政治活動への参加が参加者を勇気づける重要な学習経験となるあり方についてのより身近な光景である。カナダにおける熱帯雨林伐採に反対する非暴力市民的不服従の抗議活動をあつかうこの章によって付け加えられた重要な次元とは、「服従する」市民としての「よき」市民という発想の普遍的妥当性を問題にしたことである。環境保護活動の事例が示しているのは、「よき」市民とは、実際に政府に反対して立ち上がる人びとであり、政府の行動に影響を与える価値（ここでは支配的な経済的価値）と明確に異なる（環境保護意識上の）価値を基礎に政策に抵抗する人びとである、というものである。この章が示しているのは、成人学習が、社会的包摂のための学習ではなく、（正当化された）社会的排除に結びついた成人学習の重要性である。つまり、この章はこれを「よき」シティズンシップの異なる構想がもつ重大な次元として描いているのである。興味深い側面はもう一つある。それは、抗議活動が参加者にとっての学習経験として描かれるだけではないことにある。その活動を通して参加者たちがより広範な人びとを教育することをも目的にしているのである。ピース・キャンプ（平和的活動として現場に設置する抗議のためのキャンプ）の参加者たちに配られた参加者用の配布物には次のように書かれていた。「わたしたちは、環境破壊の証人となり、その破壊に平和的に抵抗し、そしてこの問題についてわたしたち自身と広く公衆を教育するためにここにいるのです」（ibid., p.103）。

環境保護活動家の自己学習と対照的に、ケアンズによる章は、イギリスにおける地域再生政策および実践との関係におけるシティズンシップ学習をあつかっている。この章が提供しているのは、コミュニティ再生計画の部分をなす学習機会についての洞察に優れた分析である。「イギリス地域再生戦略」が、イギリスの民主主義の危機に対処する「道徳的」かつ教育的な取り組みの多くとは違い、多くの市民の物質的条件の向上を実際に目的としていることから歓迎されるべきものとして論じられる一方、この章が示しているのは、その再生過程の中心になるべき地域コミュニティやボランティアグループのアジェンダが地域再生の「実行者」と専門家によって植民地化されるという、現実的な危険である。「コミュニティのためのニュー・ディール（NDC）」プログラムの参加者の一人であるローナは、その問題について非常に鋭い説明を与えている。

（NDCの）冊子を読んだとき、すばらしいと思った。それによれば、NDCは設置されたどんなプロジェクトも推進できるように地域の人びとをエンパワーし、それによって当の経験と専門家の報告が人びとに共有され、人びとが教育を得ることで生活が改善するのである。では、彼らは、わたしたち住民が実際になんらかの権力をもち、意見を求められるような存在であると言っているのだろうか。そうではない。なぜなら管理者側がその決定をするからである(ibid., p.114)。

こうしたケース・スタディと同書で取り上げられた他のケース・スタディが明らかにしたことは、

第一に、社交生活での市民活動と参加の形式が、実際にそうした活動に参加する人びとにとってシティズンシップ学習の重要な経験と機会になっていることである。このことは、すべての経験が肯定的であるとか、すべての学習が市民としての態度と振る舞いに肯定的な影響を与えるといったことを述べているのではない。同書のケース・スタディが提供する事例は、肯定的な経験と否定的な経験の両方であり、さらなる市民としての活動への肯定的な影響と否定的な影響の両者である。またいくつかのケース・スタディが明らかにしたのは、人びとのシティズンシップの実際の条件が非常に重要であるということである。もし、支配的な経験がなんらかの排除だとしたら、あるいは権限の欠如だとしたら、多くの場合、市民は否定的な結論を描くものである。ドーニーとホジョンの「排除された」若者たちの経験の記述が明らかにしているのは、日常生活において若者たちが受け取った多くの「反シティズンシップのレッスン」(ibid., p.144) である。とりわけ明らかにされているのは、「若者たちがその被害者あるいはその目撃者であるような、国家権力あるいは行政権力の不正な乱用が非常に多く生じていること」(ibid.) である。とはいえ、まずは基本的な感情的かつ実践的な支援を提供する空間の創出が、シティズンシップ学習へむけた空間となるのであり、さらには著者たちが述べるように、それは「物理的なシティズンシップの空間」(ibid., p.149) となることさえある、ということも本章では報告されている。

同書の第三部と最終部ではよく似た結論に至っている。特筆すべきは、成人教育にかかわる人びとの適切な役割についての考察である。肯定的に論じられているのは、コミュニティに働きかけるのではなく、むしろコミュニティとともに働く成人教育にかかわる人びとのことであり、また、アプローチとして「解放」の教育を採用することである。そのアプローチとは、「まず、人びとの暮らしに影響を与える構造的不平等を認識し、それを不可欠の出発点として、学習者／市民の探求を支えること、およびさらなる学習の発展または行為主体やアクティブ・シティズンシップの発達を支援すること」である（ibid., p.206）。さらに実践的なかたちで提案されているのは、多様な学習文脈においてシティズンシップを支え、促進する際に、成人教育にかかわる人びとが留意すべき次の一〇項目である。（1）社会的な学習の促進、（2）社会関係資本の構築、（3）集団的なアイデンティティの涵養、（4）共通の目的の発見、（5）声に耳を傾けること、（6）交渉を通じてカリキュラムを実現すること、（7）インフォーマルな学習とフォーマルな学習を結びつけること、（8）参加を心から受け入れること、（9）社会運動に協力すること、そして（10）政策に影響を与えることである（ibid., pp.207–219）。これらすべてにおいて期待されていることはファシリテーター以上のものである。成人教育にかかわる人びとは単なる「プロセス管理」のスキル以上のものを提供しなければならないのである。確かに、成人教育にかかわる人びとの「技術的な媒介作用」は重要である。学習者の自立性への尊敬のためには、および、ともに働く人びとがすでに学習しはじめていることを正当に認めるためには、その媒介作用はとりわけ重要なものなのである。しかし、とくに「そのニーズを明確に特定できる立場にはない」人びとと働くためには、その「政治的な媒介作用」は加えて必要なことである（ibid., p.220; Biesta, 2006, Chapter 1を参照）。その政治的媒介作用の重要な次元の一つは、わたしも同意するところだが、特定の集団の関心やニーズを共通のあるいは公共的な関心へと「翻訳する」際のその役割である。その役割とは、単に特定の集団のニーズや要求を可視化することではなく、その集団のニーズと要求をより広い文脈におき、その集団の闘争が、異なりつつもときに衝突するニーズと要求をもった他の集団の闘争と無関係ではないと当の集団自身が理解しはじめるようにすることである。コールとジョンストンは、次のように述べる。「コミュニティ教育は、分け隔てられたコミュニティに属す人びとの間を架橋し」、「傷ついた連帯の修復を支援する」。それが、「多種多様なコミュニティの文脈をもった多様な集団の間で目下機能している反省的な連帯」の一助となるのである（Coare & Johnston, 2003, p.211）。このことは、成人教育にかかわる人びとが私的圏域ではなく公共圏において役割を果たす必要があるということを示しているだけではない。シティズンシップの学習それ自体が公共圏において生じなければならないということも示しているのである。上で指摘したことを繰り返すが、これを市民としての学習と呼ぶ適切な理由など他にないのである。

公共的なものの衰退？

デヴィッド・マーカンドの『公共的なものの衰退』（Marquand, 2004）は、「シティズンシップの空洞化」という副題をもっている。マーカンドはその著作のタイトルで疑問符を用いているわけではない。彼にとってまったく明らかなのは公共的領域が危機にあり、その危機の由来は計画的に公共的領域を育む制度と実践をこの二〇年間のうちに「野心的な介入主義的国家」が衰退させたことにあること、そしてこの国家がシティズンシップの発展の機会を空洞化させてきた、ということである。公共的領域は自然の産物ではなく「歴史の産物」であるがゆえ、発明し直すことができないものではない。しかし、その再発明は単にかつての公共的領域へと戻ることではない。マーカンドによれば、公共的領域の考えを発明し直す前に、その出現の歴史と近年の衰退の歴史を理解しなければならない。それはまさに、マーカンドがその「反撃」(ibid., p.116) の前に四つの章を使って試みていることである。

　マーカンドは公共的領域を社会生活の部門ではなく、その次元として特徴づけている。次元とは独自の規範と決定ルールをもつものとされる。つまり、私的な個人、私的な善意および公的機関と同じような役割を果たす私的な結社によって生み出される「ひとまとまりの活動」である。この活動は、私的関心とは原理的に異なる公共的関心という考えに「共生的に結びついた」ものであり、その中心にあるのが平等、奉仕、シティズンシップをめぐる複数の価値である。そこでは、財は個人の縁や経済資源への手段の多寡ではなく必要に応じて配分される。公共的領域は、「愛、友情、個人的なつながり」といった私的領域、および「売ったり買ったりすること」「利益とインセンティブ」(ibid., p.4) といった市場の領域と異なるだけではない。その両者から分け隔てられているのである。公共的領域は、「隣接する市場と私的領域から護られた空間であり、互いに見知らぬ人びとがその社会の共同生活における対等なパートナーとして出会う場所」である（ibid., p.27）。公共的領域のおもな役割は、公共的な関心を明確にすることと公共的な財を生み出すことである（ibid., p.26 を参照）。その領域は、市民が集団的に「闘争、議論、討論、交渉を通じて」（ibid., p.33）しかるべき公共的関心とはなにかを定義する場所である。そこで条件とされるのが、「公共的領域を支えると同時にそれによって支えられている」（ibid., p.57）価値が、利己的関心ではなく集団的な関心にあるということである。集団的関心がときにだれかの直接的な利己的関心と衝突することを考慮すれば、公共的領域に関与し、コミットしていること（これはシティズンシップの別名である）は、「一定の規律」と「一定の自制」（ibid., p.57）を必要とする。マーカンドが強調するのは、こうしたことは自然に生じるものではなく、「ときに苦痛をともないながらも、学習を通して内面化されるべきもの」だということである。それゆえ、マーカンドは、現実世界としての社会におけるこうした価値の実現が要件とするのは「文化とイデオロギーの革命」（ibid.）に他ならない、と主張するのである。

マーカンドが確信をもって示すのは、この革命が本質的に「その大部分が二〇世紀に構築されたものであるとはいえ、ビクトリア時代の成果」（ibid., p.41）であったことである。「ビクトリア時代が達成した偉大な功績は、市場と私的領域を囲い込むことから、非市場的で非私的な規範によって統べられた、自己を意識した力強い公共的領域を切り開いたこと、および、近接する市場と私的なものの侵略から公共的領域を保護するための障壁を設けたことである」（ibid., p.41）。私的領域と市場的領域に対する勝利が公共的領域に与えられたあり方を考慮すると、過去数十年にわたる公共的領域の腐食がまさに私的領域と市場的領域の両者による侵略の結果であったことは驚くべきことではない。マーカンドが多くのことを言わざるをえないのは「私的なものからの報復」(ibid., p.79) である。つまり「信頼できることおよび正直であることの名において、公共的な任務と関与がもつ、しっかりとしていて、努力を要する『不自然な』振る舞いの厳格さ」(ibid.) に対する抗議についてである。とくにマーカンドが示しているのは、どうあっても「現実的には不可能」(ibid., p.82) な熟議的な政治をアイデンティティ・ポリティクスが用意してきたそのあり方についてである。アイデンティティ・ポリティクスとは、「私的な自己はどんな所でも万能であるはずだ」(ibid., p.80) と理解される考えである。しかし、同書がおもに焦点をあてているのは、市場的領域の論理が、一九七〇年代半ばの保守政権に採用されてきたことで直接的に公共的領域を植民地化し、腐食させてきたあり方である。マーカンドにとって、このことは、市場が公共的領域と私的領域へと押し入った単なるプロセスではない。それは、自己利益と効用最大化という新自由主義的な価値が、二〇世紀の最後の四半世紀において、イギリス政府の核心的価値となったプロセスである。それゆえ、マーカンドは、このプロセスをなによりもまず「文化闘争」として、つまり、政治文化と政治的価値の衝突として理解するのである。

「市場のまねごと〔さまざまな分野への競争原理の導入〕」と「中央管理」の新自由主義的な手法の組み合わせは、なんといってもサッチャリズムの特徴である。マーカンドは「ブレアは女装したサッチャーではない」(ibid., p.116) と強調するものの、同書の大部分でマーカンドは「ブレアとその仲間たちが前政権の公共的領域への取り組みを踏襲してきた」(ibid., p.117; Biesta, 2010a, Chapter1を参照)と主張している。「新しい労働党」が進めてきたことは市場化と民営化である。それは、専門的職業への深刻な不信をふりまき、そのレトリックは消費主義の言い回しで満たされていた。ときおりコミュニティの言い回しを用いるかと思えば、「コミュニティへの忠誠は、市場の力から保護された社会の領域において築かれる」(ibid., p.118)といった認識を拒絶するものであった。マーカンドは、公共的領域が一定程度存続したことをよく理解しており、マーカンドの挙げる事例は「シティズンシップ検査」から得られた市民参加についてのエビデンスと一致するものである。しかし、マーカンドにとって、そのような事例はおもに「下降曲線における一時的変動」(ibid.)である。なぜなら、一つには、公共的関心論はもはや現代政治においては役割を果たしているようには見えない(たとえば、公共サービスの未来についての議論は、本質的に個人消費者の私的関心についてのものだ)からであり、また、もう一つには、共通善についての公共的な熟慮と論争のための場所も空間ももはや存在しないからである。

マーカンドが描く二一世紀初頭のイギリス民主主義の状況は相当見込みのないものである。しかし、マーカンドが言わざるをえないことの多くは、真実のように思えるだけでなく、「シティズンシップ検査」で確認されたことによって実際に支持されるものでもある。たとえば、原子化された市民は、「自然な生育地」つまり公共的領域を失った市民として見なされている、といったことである。マーカンドはシティズンシップ検査で確認されたことに詳細な歴史的記述と哲学的分析を加えている。マーカンドは公共的領域のエートスによって特徴づけられた明らかに規範的なパースペクティブから分析しているのだが、このパースペクティブによってイギリス政治と政治生活の民主主義の欠損を明らかにしているのである。その分析から得られる一つの重要な結論は、公共的なものへの幻滅を、つまり「シティズンシップからの撤退」をシティズンシップの空洞化の原因として理解してはならない、というものである。それらはむしろ空洞化への応答であると、市民が市民となるための機会がだんだん少なくなっているという事実への応答であり、共通善の議論と熟慮について口を出す機会が少なくなっていることに対する応答であると見なすべきなのである。「新しい労働党」は、イギリス市民に対してより多くの選択肢を与えたかったのだ、というかもしれない。しかし、すでに別のところで述べたように（Biesta, 2010a）、民主主義とは選択ではない。より正確にいえば、民主主義とは、セットメニューを選ぶことではなく、そもそもどの選択肢をメニューに載せるのかを選ぶことにかかわるのである。

　公共的領域の再発明のためにマーカンドが提案するのは、そうした再発明を特徴づける公共哲学のための一三項目である。この提案のおもな基礎となっているのが市場の側からの侵入についてのマーカンドの分析である。それゆえマーカンドは、公共的関心の可能性への確信、信頼の強調、市場的領域と私的領域による侵略から公共的領域を保護する必要、消費者がもつ市場のアイデンティティと市民がもつ政治のアイデンティティの間の明確な区別、専門職の自律性、そして国家権力の行き過ぎを抑えて均衡をとる政治システムといったことを積極的に論じるのである（驚いたことに、その提案は、私的圏域の側からの公的領域の腐食に対抗することをあつかうものではない）。

これまでの議論の文脈においてもっとも重要なことは、マーカンドの議論において学習が担っている役割である。すでに見たように、マーカンドによれば、公共的領域のエートスは自然には生じない（このことは容易に生じるものではないということも意味している）が、学習されなければならないものであり、その学習の最良の方法は公共的領域への参加である。ただし、公共的領域のエートスが形成されるあり方についてのマーカンドの説明によれば、学習は単に重要であるというのではない。学習は、マーカンドの再発明された公共的領域において中心的なものですらあるのである。マーカンドは次のように述べる。公共的領域が再発明されるべきだとするならば、政府は統治の新しいアプローチを学習する必要がある。それは、「社会的学習という考えにもとづいたアプローチであり、そのアプローチでは『政策決定プロセスでのおもな参加者は議論と討論に協力する』」（ibid., p.140）のである。このことは、国家が「命令者あるいは管理者であることを止め、他の学習者と一緒に学習する主体となる」（ibid.）ことを意味している。社会的学習のそのようなプロセスは、多様性、複数主義そして差異を必要としている。というのも、マーカンドが述べるように、「教師とそっくりな人びとからなる学級でなにかを学習するというのは難しい」（ibid.）からだ。しかし、違いは保護を必要とするものであり、このことが、「地方や地域の自治体、大学、労働組合、職業団体、NGO、司法制度など」のような、「信頼できる力をもち、強力な媒介となる制度」が必要だと考えるマーカンドの理由である。ただし、そうした制度が必要なのは、単に「市場の力と私的なものの力から公共的領域を護るため」ばかりではなく、「その本性として過度に侵害行為を助長する国家から公共的領域を護るためである」(ibid.)。

結論

以上述べてきたことをもって、わたしたちは元の場所に戻ってきた。本章で言及した著作から得られる結論の一つは、民主主義は実際に危機にあるということである。しかし、これらの著作が理解させてくれるのは、この危機が多くの政治家たちがあると思っている場所にはないということである。マーカンドとともにわたしが考えているのは、人びとの市民的、政治的関与の欠如が民主主義の危機を招いたのではない、ということである。むしろ、多くの人びとの実際の生活における民主主義の経験と実践の限られた機会において現れた、日常的な民主主義の危機が、市民的、政治的撤退をもたらしたのである。仮にそうだとすれば、このことは、民主主義の危機に対して、「よき」シティズンシップのより多くのレッスン、より多くの教育に焦点化することが効果的な対応とはならないことを意味している。そうではなく、むしろ、人びとのシティズンシップの実際の条件の向上に取り組まねばならないのである。言い換えれば、民主主義の欠如とたたかう唯一の方法とは、より多くの民主主義を用いることにある。『成人学習・シティズンシップ・コミュニティの声』の多くのケース・スタディが示しているのは、とくに集団的で活動を基礎においた学習、民主化の実際の実践とプロセスにおける学習の必要不可欠な役割である。そのケース・スタディが示しているのは、成人学習が、コミュニティ活動に反省的プロセスをもたらすことである。この反省的プロセスこそ、直接的な関心を越えたものを参加者に気づかせ、彼らのエンパワメントが他者のエンパワメントと結びついていなければならないという理解を励ますのである。そういった類のケース・スタディが提供するのが、マーカンドが学習する民主主義として描くものの事例である。この学習する民主主義が示しているのは、成人学習が個人にとってのみ興味を抱かせる私的なにかとして理解されてはならないということである。成人学習は民主主義において必要不可欠の役割を担っており、また民主主義はまさに学習する民主主義としてしか存在しえないとさえ言うことができるだろう。まさにこのことが成人学習の分野の最近の「エコノミー化」と「個人化」に懸念を覚えるべき理由である。上述の第二の著作が提供するのは、学習する民主主義のおぼろげな姿である。第一の著作はわたしたちが必要としているものを明らかにしつつ、第三のものは、今まで以上に、なおいっそう、なぜわたしたちがそれを必要としているかについて述べているのである。

第七章　市民としての学習を理論化する

——社会化・主体化・無知な市民

これまでの章では、シティズンシップを教えることから、学校、カレッジ、大学、広く社会において民主主義が学ばれるさまざまなあり方へ、焦点を移すことを主張してきた。また、子ども、若者、大人たちの日常生活を作り上げているそのプロセスと実践（さまざまな制度の外側と内側の両方で営まれているものとしてのプロセスと実践）が、民主的なシティズンシップにおける重要かつしばしば影響力のある「レッスン」を担っていることも論じてきた。そのレッスンがもつメッセージはたいてい渾然としているか、あるいは消極的なものであることさえあるが、一部のレッスンは、民主的なプロセスと実践の価値について、また個人に市民としての地位が与えられるあり方、および個人がそのシティズンシップの発揮を可能にする（あるいは可能にしない）仕方について積極的な意義をもっている。つまり、子ども、若者、大人がそういった日々の経験から学習することがらは、すでに指摘したとおり、実際のシティズンシップの条件に強く影響を受けているのである。このことが直接に示唆しているのは、政策立案者と政治家たちが市民の態度や振る舞いの向上に取り組む際、人びとのシティズンシップの実際の条件への資源の投入についてアドバイスをしっかり受けた方がよい、ということである。実際の条件とは、人びとの生活の基本的物質的状況、および民主主義への参加と活動に必要な、より広い、社会的で象徴的な物質的資源のことである。この点においてわたしが全面的に同意するのは、マーカンドの洞察である。それは、シティズンシップからのいかなる後退も、民主主義におけるどんな広範囲の「危機」も、シティズンシップの空洞化の原因として見るべきではなく、逆に、空洞化への応答として見るべきである、というものである。つまり、民主主義への関与、論争、熟議、そして参加の機会の縮小、および私的なトラブルを集団的な論点へと翻訳する機会の縮小への応答だというのである。

こうした視角からは、これまでの章で検討してきた展開の多く（スコットランドにおける卓越性のためのカリキュラムおよびヨーロッパの高等教育政策におけるシティズンシップの位置づけ、大学の市民的役割の理解の展開、そして生涯学習と成人教育分野での変容）が、逆方向に進んでいるように見える。こうしたものがもっぱら示しているのはある種の傾向である。それは、個人とその個人の責任と義務の議論への焦点化、シティズンシップの政治的な次元よりもその社会的な次元の強調、論争と差異の観点ではなくコンセンサス（一致）と同質性の観点から民主主義を理解することである。政治的思考と政治的なレトリックにおいて生じたこの収斂は悩ましいことでもあるが、注目に値するものでもある。それが注目に値するのは、まさに、さまざまな領域と地域の、かなり広範囲の議論すべてが類似のパターンにしたがっているように見えるからである。とはいえ、この収斂がこうした理由で注目に値するとしても、それ自体で、必然的に次のような懸念の理由とはならない。つまり、可能な選択肢についての注意深い検討の結果なされた選択であることをその収斂は示しているのではないか、という懸念である。依然として、これまでの章で論じてきた展開は、その収斂が実際にそうだった、という内容を伝えるものではないのだ。むしろ、これまでの展開は、ウエストハイマーとカーネの責任ある市民は必ずしも民主的な市民である必要はないというやや動揺させる結論以外の、これまで紹介してきた批判のいくつかのものに特別の重要性を与えるものである。

また、これまでの章で論じてきた展開は、教育と学習についての見解をともなうものである。見いだされる一つの流れは、シティズンシップ教育の目的、つまり、子どもや若者がなるべき市民についての見解にますます注目があつまっていることである。それにもかかわらず、当のなるべき市民へと実際に育てるプロセスと実践についてはあまり注目されていない。このことが提示する課題の一つは、必要な学習のプロセスをどのように理解するべきか、ということであり、この課題こそ本章であつかうものである。すなわち、わたしが市民としての学習（市民学習）として言及するものとはなにか、という問題である。

市民学習

市民学習が、子ども、若者、大人の日常生活を構成しているプロセスと実践をくぐり抜けるなかで生じる学習であり、また、シティズンシップの実際の条件に緊密につながっている学習であり、さらに、ほとんどカリキュラム的な発想で想定されているものではないとするならば、すでに述べたように、まだ市民ではない状態から一人前のシティズンシップを備えた状態へと移行する線的プロセスとして市民学習を考えるべきではない。むしろ、市民学習は、非線形的なプロセスであり、また繰り返されるもので、累積的なものとして理解されなければならない。市民学習が非線形的なプロセスであるというのは、それが民主主義とシティズンシップの目下の肯定的経験と否定的経験と緊密につながっており、したがって、そうした経験における急激な変動を反映しやすいからである。加えて、市民学習は、民主主義とシティズンシップの日々の経験の単なる結果ではなく、そうした経験へと跳ね返っていくものでもある。これが、市民学習を繰り返されるものと呼ぶ理由である。市民学習は線形的プロセスではないのだが、累積的なものと理解することは重要である。というのも、ただ単に、過去の肯定的経験と否定的経験が消えることなどありえず、未来の行為と学習に影響しているものだからである。

市民学習が、非線形的で、繰り返されるもので、累積的だという事実が示しているのは、市民学習の形のうえでの特徴である。つまり、日々の経験および実践とつながっている学習として市民学習を規定することに由来する特徴である。けれども、わたしの見解では、さらなる実質的な区分があり、それは、市民学習とシティズンシップ教育の議論にとって必要不可欠なものである。その区別とは、既存の社会的・政治的な秩序の再生産に、すなわち個人をその秩序へと適応させ、参入させることに寄与する市民学習の形式と、政治的主体性と政治的行為主体の現れに寄与する市民学習の形式との間にある。すでに第三章で手短に触れたように、この二つの市民学習の異なる形式を、市民学習の社会化の構想と主体化の構想として言及することを提案している（こうした言葉遣いについてはBiesta, 2010a, Chapter 1を参照）。市民学習あるいはシティズンシップ教育の目的という点からすると社会化の構想は、市民学習の目的を、第一に、既存の社会的・政治的な秩序の再生産という観点から、つまり、その秩序への個人の適応という観点から理解しており、他方で、主体化の構想は、政治的行為主体の出現に焦点をあてており、それゆえ、市民学習の目的をなによりも政治的主体性と政治的行為主体の現れを推し進めるという点から理解するものである。

個人および個人がもつ知識、スキル、性向に強く力点をおくこと、差異のコミュニティよりも同質的なコミュニティを強調すること、そしてこれまでの章で論じてきたシティズンシップとシティズンシップ教育についての見解において幅広い機能主義が見られることが示しているのは、主として社会化という点から市民学習を理解する傾向である。このことはさらに重要な理論的問題を提起している。それは、民主主義の「本質」が、特有の、十分よく定義された単一の秩序として表現されてしまうならば、シティズンシップが一つの明確なアイデンティティ、つまり十分に表現され、定義されることが可能なものとしてのアイデンティティとして理解されることになり、したがって市民学習も個人によるアイデンティティの獲得という観点からのみ理解されてしまう、という問題である。その場合、市民学習の社会化の構想が正当化されるだけではなく、この構想が市民学習を理解する唯一のあり方だとされることさえありうる。しかし、そうした理解にとどまらないものが民主主義にはある、と主張されるならば、言い換えれば、民主主義はつねにそれ自身の規定全体から逃れるものであると主張されるならば、必要となるのは、社会化という考えにおいて捉えられているようなものではない市民学習の異なる構想であり、その異なるプロセスと実践だろう。

この問題こそ、市民学習の社会化の構想と主体化の構想をはっきりと区別する必要についての議論を展開するべく、本章でわたしが取り組もうとしているものである。以下では、民主主義と民主主義政治の四つの次元を確認して、議論を展開していきたい。その四つとは、民主的なコミュニティの本性と特徴、そのコミュニティの境界、コミュニティにおいて生じるプロセス、そしてプロセスに関与する人びとの地位である。そして、それぞれの次元ごとに関連させてわたしが提示したいのは、秩序に焦点をあわせた見解、および、秩序の観点から当然のこととして理解されるべき民主主義と民主主義政治の範囲について問題提起する見解である。わたしの議論にインスピレーションを与えてくれたのは、シャンタル・ムフとジャック・ランシエールの仕事である。両者は、民主主義政治の「秩序づけられた」理解の限界について重要な問題提起をしてきた。ムフとランシエールとともに、ある意味で秩序を「超える」民主主義政治の構想を主張したい。その基礎となるのは、民主主義と民主主義政治のより「アナーキー的な」（秩序なき）見解であり、それをもとに、社会化の構想から区別して、主体化の構想としての市民学習の重要性を論じる。

政治的コミュニティ――「秩序あるもの」か、それとも秩序なきものか

『政治理論と政治の撤去』（Honig, 1993）のなかで、ボニー・ホニッグは次のような問題を提起している。民主主義がその内で成立する、輪郭がはっきりしたコミュニティの存在に民主主義政治は依存するのか、それとも、そうしたコミュニティをしっかりと確立することこそ民主主義政治のもっとも重要な「契機」であるのか、という問題である。ホニッグが支持するのは後者の見解であり、それは次に述べるものである。民主主義政治が政治的なゲームの基本ルールにすでに同意した人たちに限られている場合、民主主義政治のもっとも重要かつもっとも問題が含まれる側面、つまり、基本ルールについての同意に到達するそのプロセスは描像から抜け落ちることになる。民主主義政治がそうした人びとにとってのものであるということは、民主主義政治がもつ力学についてのわたしたちの理解からプロセスが抜け落ちるだけでなく、民主的な論争の力がプロセスに及ぶものとはならないリスクがあるということも意味している。それゆえ、政治とは考え方が似た人びとだけにとってのものである、つまり基本的なルールと価値に賛同した人びとだけのものである、と論

じる政治哲学や政治理論家が寄与しているのは、民主的な政治の「本質」の把握ではなく、むしろ政治の撤去だとホニッグは主張するのである。

ホニッグがその著書を出版したのは、リベラリズムとコミュニタリアニズムの論争の最盛期であった。この論争におけるホニッグの介入の重要性は、政治的コミュニティの本性についてのリベラリストやコミュニタリアンの対立する見解をめぐって、両者が実際には類似の思考の仕方を展開していたという、彼女の観察にある。つまり、両者の思考において、政治的コミュニティを確立する行為それ自体が、政治に先立つなにものかとして見なされているのである。コミュニタリアンが、政治とは共有された一連の価値と原理を基礎としてこそ可能であると論じ、あけすけに政治の撤去をすすめるのに対して、リベラリストが、民主主義政治に参加するための「参入条件」を明らかにする際、コミュニタリアンと類似のひな型にしたがって議論を展開していることを、ホニッグは示す（とりわけジョン・ロールズの初期の仕事を経由して示す）のである。ロールズの初期の仕事、つまり『政治的リベラリズム』（Rawls, 1996）以前の仕事では、最小限の合理性、最小限の道徳性といった参入条件は自然なものとして考えられており、また、それらが明確に区別された特定の政治的価値として考えられているのではなく非政治的、前政治的なものとして考えられていた（後期の仕事に至っては、ロールズは、リベラリズムの政治的基盤について当然のこととして明確に認識するようになっていた）。

こうした議論に対してなされた重要な貢献の一つはシャンタル・ムフのものであり、それはすでに述べた参入条件がもつ政治的本性を明らかにしたことである。ムフは、そうした参入条件がだれかを排除し、だれかを内包する際につねに政治的な「作用」をもつことを強調して述べている（たとえば、Mouffe, 1993を参照）。さらにムフは、そうした排除についてわたしたちははっきりと意識していなければならない、と主張している。というのも、そこではじめて、その政治的コミュニティから排除されている人びとが、道徳的合理性の欠如を理由として「排除」されているわけではなく、排除されている人びととの政治的価値が、内側の価値に依拠する人びとから異なっていることにその排除の理由があると理解しはじめるからである。また、あるものを合理的かつ道徳的なものと見なすことが、すくなくとも部分的には、「内側」と「外側」の特定のヘゲモニーにもとづく構築の「効果」だからである（後述する）。ムフは、リベラリズム（の一部の形態）に異議を唱え、また、コミュニタリアニズムには、政治的コミュニティの理解の仕方というさらに小さい範囲で異議を唱えるものの、民主主義政治の実践が安定性と秩序を必要としているという点では、リベラリストとコミュニタリアンの両者に同意している。ただし、ムフは、この秩序の構築はつねに政治的行為であると同時に、より重要なことは、つねに論争と修正に開かれた行為だと考えているのであるが。いずれにせよ、民主主義政治はある特定の秩序（あるいはムフの言葉で言えばヘゲモニー）なくしては作動しえないと考えている以上、ムフの立場は、民主主義政治を「秩序なし」よりも「秩序あり」と理解する人びとにより接近することになる。民主主義政治は、なんらかの秩序あるいは安定性抜きには遂行されえないのである。

ジャック・ランシエールは、民主主義政治についての彼の見解が、一方に秩序あり、他方に秩序なしを両端とするスペクトルで、秩序なしと考える立場へより傾いている者のひとりである。民主主義政治についての仕事（たとえば、Ranciére, 1995a; 1999; 2003. また、Bingham & Biesta, 2010を参照）において、ランシエールは、安定的統治すなわち治安（あるいは治安秩序）と政治という二つの概念を区別している。ランシエールは、「治安」を、「振る舞い方、存在の仕方、ものの言い方の割り当てを明確にする身体の秩序であり、また、身体を、特定の位置と仕事に名指しで指定されるものとして捉える身体の秩序である」（Ranciére, 1999, p.29）と定義している。「見えるものと言いうるもの」の秩序こそ、「ある特定の活動が目に見え、それ以外のものは見えず、この発話が言論として理解され、他のものが雑音として理解されるよう、取りはからう」（ibid.）のである。治安は国家が社会生活に構造を与える方法として理解してはならない。なぜなら「治安体制を規定する場所と役割の分類は、国家の機能がもつ堅牢さに由来するのと同じ程度に、社会関係がもつと想定される自発性にも由来する」からだ。したがって、「統治の安定化」とは、「身体を『規律化すること』」というよりは、「身体の現れを統制するルールであり、身の振り方の環境設定であり、そしてその身の振り方を分類する空間がもつ属性である」（ibid. 強調は原文のまま）。治安の定義の一つの読み取り方は、この概念を、特定の場所、役割、地位あるいはアイデンティティをもったすべての人が包括される秩序として理解することである。ただしこの理解の仕方は、その秩序の運営にすべての人が含まれているると述べているわけではない。論点は、単純に、この秩序からはだれも排除されない、ということにある。つまり、アテネの民主主義においても、女性、子ども、奴隷、移民には、政治的意志決定への参加を認められていない者として明確な居場所が与えられていたのである。まさにこの点で、それぞれの治安秩序は包括的なものなのである（Biesta, 2009も参照）。

ランシエールにとって、「政治」という概念が表しているのは、「並べたものをかき乱す行為の様式」（Ranciére, 2003, p.226）であり、また、平等という考えに言及しながらかき乱すことである（これはランシエールの議論の要点を理解するうえで非常に重要である）。それゆえ、政治は「治安に対して敵対的な、きわめて断固とした活動である。つまり、環境設定に定義上存在しないある前提によって、集団およびその集団に欠けているものあるいはその集団の部分を規定する、明白な環境設定に対してとにかく決別することである」（Ranciére, 2003, pp.29-30）。明白なこの決別とは、「政治集団あるいはその集団に欠けているものあるいはその部分の境界を定めてきたその空間の環境設定をし直す」（ibid.）ひとまとまりの行動である。このように捉えられるならば政治活動とは、「なんであれ身体に割り当てられた場所から身体を移動すること」（ibid.）ということになる。「それは、見えなかった事柄を見えるようにし、かつて雑音しか聞こえなかった場所でまじめな会話が聞こえるようにすることである」（ibid.）。したがって、政治とは、二つの「異なるプロセス」、つまり、治安のプロセスと平等のプロセスが出会う出来事を指しているのである。ランシエールにとって、このように理解される政治こそ、恒常的かつ必然的に、民主主義の政治なのである。しかしながら、ランシエールが明確に否定するのは、「生活の社会的あり方あるいは体制」（ibid., p.101）としての民主主義である。民主主義は、治安秩序の部分ではありえず、むしろ「〔二つのプロセスが出会う出来事としての〕政治それ自身がもつ制度として」理解されなければならないのである（ibid., p.101）。それぞれの政治は、制度のまとまりという意味ではなく、「治安秩序の論理に対して平等の論理を対決させる」表現形式という意味において、民主的なものである。民主主義とは、いうなれば、治安秩序に対して平等を「要求」することである。

　ランシエールとムフは、平等への準拠によってあるいは平等という考えの名によって既存の秩序が妨げられる契機がもつ政治的重要性について同意しているものの、政治的なものが妨げの契機にのみその位置を占めているのか（ランシエール）、あるいは、その結果として設けられる秩序それ自身も政治的に重要であるかどうか（ムフ）という点で意見を異にしている。ランシエールにとって、政治的なものを「担う」コミュニティは安定した形態をどうしてももちえないし、その意味で当のコミュニティは、秩序なきもの、つまり、形態や構造をもたない。他方、ムフにとって、民主的なコミュニティは、その形態が、ヘゲモニーを通じて構成されることを失念しない限りにおいて、安定的な形態をもつものであって、中立的あるいは自然な価値とアイデンティティを基礎とするものではない。しかしながら、両者がともに否定するのは（この点が本論において重要な論点であるが）、民主主義政治がもつ政治の次元が、ある特定の秩序によって全体的に捉えられる、もしくは「覆われてしまう」ということである。ランシエールは、その政治の次元は決して一つの秩序として捉えられないと述べる。ムフは、民主主義秩序にのみ注目し、その秩序の設立と維持における政治的な作用について失念するならば、民主主義政治がもつ一つの重要な、おそらくもっとも重要といえる側面を捉え損なうと述べる。その重要な側面とは、繰り返しになるが、ムフにとっても、根本的に、既存の社会的・政治的な秩序への同一化（アイデンティフィケーション）を通じて得られた明白かつ安定的なアイデンティティとしてシティズンシップを理解することはできない、ということである。

政治秩序の境界線

民主主義政治の「本質」の捉え方の問題は、民主主義政治の場の理解の仕方だけではなく、民主主義秩序の境界線の地位の理解の仕方とも関係がある。そして、この問題の大部分は、先ほどの議論の必然的結果である。すでに述べたとおり、すくなくともリベラル民主主義のいくつかの構想は、民主主義秩序がもつ境界線を、合理性と道徳性の領域をとり囲む線として見なしている。とするならば、内側にいる人びとがそこにいる理由は、合理的で道徳的に振る舞うことに彼らがコミットしているから、ということになる。他方、民主主義秩序の外側にいる人びとがそこにいるのは、合理的にかつ／あるいは道徳的に彼らが行為できないからだ、ということになるか（そのように行為できないのは、構造的なものとして見なされているか、あるいは、子どもの場合のように、一時的なものとして見なされるか）、さもなければ、外側にいる人びとは、政治秩序を特徴づけている合理性と道徳性の基準をはっきりと拒否しているのである。リベラル民主主義の強固なバージョンにおいては、境界線は自然なものと理解されており、したがって議論の余地のない、明らかに正しいものとして見なされており、より弱いモデル（あるいは、より政治的なモデル）では、境界線はそれ自体政治的なものとして理解されることになる。

こうした観点からみると、ムフのモデルはリベラリズムへのより政治的なアプローチにかなり近い位置にある。すでに見たように、ムフは、民主主義政治が秩序を必要とすることを否定しない。ムフのおもな関心は、民主主義秩序と、この秩序を取り巻く境界線が設定されるプロセスの理解の仕方と提示の仕方にある。ムフは「境界なき複数主義」の主唱者ではない。というのも、「民主的な複数主義政治は、ある所与の社会において形成されたすべての要求を正統であると認めなければならない」などと考えていないからである（Mouffe, 2005, p.120. 強調は引用者による）。ムフが主張するのは、民主主義社会は「その基本的な制度を問題にする人びとを正統な敵対者として取りあつかうことができない」ということである。ただし、ムフが強調するのは、「道徳的観点からではなく、政治的観点から」生じざるをえない排除である（ibid.）。つまり、ある要求が排除された場合、道徳的に邪悪だという理由で排除されているのではなく、「ある要求が、民主主義政治の結びつきを構成している制度への挑戦だからである」（ibid., p.121）。しかしながら（この「しかしながら」は重要である）、ムフにとって「〔政治的観点からの排除をともなう〕こうした制度がもつ本性そのもの」もまたこの議論の一部をなしている。その本性そのものとは、「論争含みのコンセンサス」とムフが考えるものだ。これをムフは次のように言い表している。「すべての人のための自由と平等に関する倫理＝政治的価値についてのコンセンサスではあるが、（ただし）その解釈についてのディセンサスである」（ibid.）。「そうだとすれば、これらの価値を公然と拒否する人びとと、それらを受け入れつつ、競合する解釈のために闘う人びとの間に線が引かれる必要がある」（ibid.）。すなわち、ムフに言わせれば、「民主主義の価値および制度へのわたしたちの忠誠は、それらを超えた合理性にもとづくものではない」のであり、したがって、リベラル民主主義の原理は「わたしたちの生活形式を構成するものとしてのみ擁護される」（ibid.）のである。リベラル民主主義の原理とは、普遍的道徳性の現れなどではなく、まったく「倫理＝政治的なもの」（ibid.）なのである。

　境界線とそれを引くことの問題に関していえば、こうしたムフの考えはその立場をランシエールに接近させることになる。ランシエールが主張しているのは、治安秩序の境界を引き直す際にのみ、またこの引き直しが平等への言及をともなう場合にのみ民主主義が現れる、ということである。これが、民主主義は必然的かつ本質的に散発的なものだとランシエールが考える理由である。つまり、民主主義は、ときどきの固有の状況そのものにおいてのみ「発生する」なにものかだ、というのである（Ranciére, 1995a, p.41; p.61 またBiesta, 2009 を参照）。このことから帰結するのは、すでに示したように、特定の秩序の内に発生したものをひたすら見つめても政治の「本質」が捉えられるわけではない、ということであるのに加えて、ランシエールにしたがうならば、平等の名において秩序の境界が引き直されているまさにその瞬間において起きている作用を含む、民主主義秩序の境界線で起きている作用を説明する必要がある、ということだ。そして、こうした次元がもつ政治的重要性に敏感なシティズンシップの構想をわたしたちが願っているならば、なおさらその作用を説明する必要がある（この論点についてはまた後で戻ろう）。

民主的な政治プロセスと実践

民主主義のプロセスおよび実践において、政治的なもののさまざまな次元を把握するうえで重要なのは、政治的コミュニティの設けられ方、それを取り巻く境界線の引かれ方に注目することだけではない。民主主義のプロセスおよび実践それら自身もまた重要な問題である。たいていの場合、民主主義は量の観点から理解されている。この考えは多数者の支配として民主主義を捉えるなかに表明されているものである。そして、この二〇年ほどのあいだに、ますます多くの政治理論家たちが、民主主義は、単なる選好の集積に限定されるものではなく、選好の熟慮を通じた変容を必然的にともなうものである、と論じるようになった。この熟議モデルでは、民主的な意志決定は、集団的行為の手段および目的についての「参加者によって、参加者へ提示される議論を通じてなされる意志決定」(Elster, 1998, p.8）を必ずともなう過程として理解されている。ヤングが説明するように、熟議民主主義とは、「いずれの選好がどれほど多くの支持を得ているかを決定することではなく、集団が同意するどの提案が最良の理由によって支えられているのかを決定すること」(Young, 2000, p.23）である。「最良の理由」への言及は、熟議民主主義が熟慮についての特殊な構想にもとづいていることを示している。たとえば、ドライゼクは、熟慮がかなり広い活動をその対象に含むものであると認めてはいるものの、真正の熟慮が生じるための要件としては、選好への考察が非強制的なかたちで生じなければならないと述べている（Dryzek, 2000, p.2）。ドライゼクの説明によると、この要件は、「権力、操作、教化、プロパガンダ、ごまかし、単なる私的利害の表明、脅し、そしてイデオロギーへの服従を押しつけようとすることといった動きを通じた支配を排除すること」である（ibid.）。この主張は、エルスターの次のような主張とも共鳴している。すなわち、熟議民主主義とは、「合理性と不偏不党性の価値への強い信頼をいだく」（Elster, 1998, p.8）参加者による議論のギブ・アンド・テイクであり、熟慮とは、「自由で、平等で、合理的な行為主体」（Elster, 1998, p.5）の間でしか起こりえないものであるという主張だ。

熟議論的転回の重要性は、総計モデルとして文献上知られている民主主義についての集積モデルから、民主主義が個人の選好の単なる総計などでは決してなく、集団の利害と共通善の問題への関与を必要としていると認める民主主義モデルへ移行させたことにある。この観点からすれば、民主主義がつねに要件としてきたのは私的なトラブルを公共的な問題へと翻訳および変換することであり、これらは、これまでの章で見たように、公共圏のもつ主要な機能の一つであると理解してよいものである。しかし、熟議民主主義論のいくつかの研究は、熟慮がなんらかの参入条件（エルスターの定式では、それらは合理性と不偏不党性の価値）に見合う人びとにとってのみ開かれているという前提をもつ点で、その枠組みに限界がある。さらにこの枠組みは（以下でより詳細に検討するが）、熟慮に与える人びとの政治的、市民的なアイデンティティが、熟慮がはじまる以前にすでに形成されている、と前提するのである。

こうした熟議民主主義がもつ前提は、シャンタル・ムフが熟議民主主義を批判する際に強調する点である。ムフによれば、熟議民主主義は、権力を民主主義政治における妨害物と見なし、また乗り越え、理想的には除去する必要があるものとする熱望をもっており、それがゆえに批判されてよい。民主主義政治とは「共通の関心事すべてについての、自由で強制されない公的な熟慮」(Benhabib, Mouffe, 2000a, p.10 からの引用) である、という考えは、ムフによれば間違いである。というのも、権力的関係が社会的なものを構成しているからである (ibid., p.14)。それゆえ、民主主義にとっての問題は「権力を除去する仕方ではなく、民主主義の価値にさらに適合的な権力を構成する仕方」となる (ibid.)。熟議民主主義への対案としてムフが提示するのが、「闘技的複数主義」である。闘技的複数主義は、次の二つの区分にもとづいている。それは、「人間関係に内在している敵対的次元」と表現される政治的なものと、「『政治的なもの』の次元によって影響を受けるがゆえにつねに可能性としては争い含みの条件にもとづいて人間の共生を組織し、なんらかの秩序を設けようとする、実践と言説と制度のアンサンブル」と表現される政治である。したがって、ムフにとっての政治とは、先に述べたように、「争いと多様性の状況における統一」の創造を目的とするものである。このことにつねにともなうのが、「われわれ」と「彼ら」の間の区別の創造である。ただし、ムフが主張しているのは、「民主主義政治の目新しさとは、このわれわれ／彼らの間の対立を乗り越えることではなく（それは不可能である）、その対立を設置する異なるあり方にある」（ibid.）ということである。

このようなムフの主張の核となる見識は、敵対を闘技へと変換する必要から、民主主義政治における「彼ら」がもはや破壊されるべき敵としてではなく対抗者として知覚され、その彼らとの関係が築かれる、というものである。ムフは、対抗者を「合法的な敵、つまり、リベラル民主主義がもつ倫理＝政治的原理、すなわち自由と平等の遵守を共有するがゆえに共通の土台をもつ人びと」であるが、「自由と平等の原理を巡ってその意味と解釈についてはわれわれと一致しない」（ibid.）人びととして定義している。敵対が敵同士の闘争である一方で、闘技とは対抗者同士の闘争を指す。こうした区別にもとづいて、「『闘技的複数主義』の視座からすれば、民主主義政治の目的は、敵対から闘技へ変換することである」とムフは主張するのである（ibid., p.16. 強調は原文のまま）。

わたしのムフの読解が正しければ、変換というこの仕事は、ある特定の政治秩序の構成（ムフの言葉で言えば、政治の構成）において争点となるだけではなく、政治秩序を構成する仕方の重要な要素でもある。言い換えれば、ある特定の民主的なヘゲモニーが確立されるやいなや、すべての問題が消失するというわけではない。対立への関与の仕方をめぐる問題は、民主主義のプロセスと実践に行き渡っている可能性があるのである。そして、敵対を闘技へと変換する仕事とは、対抗者を、善悪の観点からではなく政治的な観点から受け止めること、つまり、対抗者を、自由と平等の原理を上位のものとして支持しながらも、道徳的アジェンダではなく、政治的アジェンダの異なるものを追求する人びととして受け止める仕事であり、この仕事は目下進行中のものなのである。

ムフが、政治の領域内部で、つまり、ある特定の政治秩序の内側で機能しなければならない民主的な「作用」の存在を認める一方で、ランシエールのある意味で秩序なきアプローチが否定するのは、政治的に妥当なものが治安秩序のうちに生じる、ということである。言い換えれば、ランシエールにとって、民主主義政治の「本質」は既存の秩序の停止においてこそ現れるのである。それゆえ、ランシエールは、制度としてではなく、「治安秩序の論理に対して平等の論理で対峙する」表現形式という意味で、どの政治も民主的なものであると考えているのである（Ranciére, 2003, p.101）。つまり、政治活動とはつねに、「根本的に異なる前提にもとづいて知覚可能な治安秩序の区分を打ち消す一つの表現様式なのである」。根本的に異なる前提とは、「なにも共有していない者たちをあらしめているものであり、同時にそれ自身が、最終的には、発話能力をもつ存在者同士の平等と、秩序がまったくの偶然性からなっていることを表している前提」（ibid., p.30）である。ただし、ランシエールが民主主義の適切な「形態」（この表現はibid., p.225に見られる）として位置づけるこの紛争は、社会集団の間の利害や見解の対立のことではない。つまり、ランシエールにとって、民主主義とは、「それぞれの利害にかかわる社会のさまざまな集団の調整・協議でもなければ、すべての人にそれ自身を平等に強制する慣習法でもない」（ibid.）。民主主義にその名を与える民衆とは、理想的な主権者たる人民でもなく、社会の集団の総和でもなく、またこの社会の貧しく苦しむ小集団でもない。むしろ、政治的紛争とは、「そうした集団の思惑さえ超える」対立である（Ranciére, 1999, p.100）。それは、「場所の分類についての治安の論理と、平等主義的行動についての政治の論理」の間の紛争なのである（ibid.）。

こうした理由からランシエールは、政治が「第一に、共通の舞台のあり方を越えた対立であり、また、その舞台上にいる人びとの地位とあり方を越える対立である」（ibid., p.26–27）と主張するのである。さらに、ランシエールにとっての民主主義／政治とは、コンセンサスの問題ではなく、彼がディセンサスと呼ぶものの問題である（Ranciére, 2003, p.226 また Ranciére, 1999, pp.95–121も参照）。ディセンサスとは、ランシエールの著作において、きちんとした意味をもつものである。それは、「対立する関心や意見ではなく（中略）、確定された感覚世界の内側での、すでにあるものではあるがその世界に異質なものの産出」（Ranciére, 2003, p.226）である。このディセンサスが、政治的なものの「本質」を深く理解しようとするランシエールの試みから判明する、民主主義の「作用」である。この作用は既存の治安秩序の「外側」で生じると言った方がよいかもしれないが、この「外側」とは、ランシエールの考えでは、排除された人びとの位置を示すものではない。つまり、先に述べたように、ランシエールにとって、すべての人は、なんらかの治安秩序にある意味で含まれているのである。むしろ「外側」が示しているのは、ある治安秩序の内側で捉えられない行為や存在の仕方であり、存在および発話の適切な仕方あるいは適切なアイデンティティとしてまだ存在していない行為や存在の仕方のことである。この点は、わたしが以下で論じる第四の論点にかかわって重要な問題をもたらすものである。この問題とは、民主主義政治の行為（参加）者とは実際にだれのことか、という問題である。

政治の主体

すでに述べたように、政治と政治的コミュニティについてのリベラルな見解は、政治的なアイデンティティが民主主義政治の「成り行き」に先立って形成されること、形成されていなければならないという前提から出発している。この前提の根拠は、民主主義政治、たとえば熟慮の形態の民主的な政治が出現するためには、そのプロセスに参加しようとする人びとがある参入条件を満たす必要がある、という申し立てに由来している。その参入条件とは、エルスターの熟議民主主義モデルでいえば、合理性と不偏不党性への明確なコミットメントである。このことが示しているのは、民主主義政治のリベラルな見解における教育固有の役割である。さらに、民主主義政治のリベラルな見解における教育の必要性も示している、とさえ言えるだろう。このリベラルな見解における教育は「新参者」を民主的な熟慮と意志決定の参加へ準備させるのがその仕事となる。それゆえ、教育は、「新参者」を、既存の社会的・政治的な秩序へ挿入し、その一翼を担うものとする、社会化のプロセスとなる。言い換えれば、教育は、想定されている参加者に特殊な態勢（レディネス）さえあれば民主主義が可能となるという前提にもとづいて、新参者を民主主義へ「準備」させるプロセスとされるのである。

ランシエールの民主主義政治の発想は、一方に秩序あり、他方に秩序なしを両端とするスペクトルの端に位置するものである。彼にとって、民主主義政治とは「社会集団間の関心や意見の対立」(Ranciére, 2003, p.225) ではない。そして、まさに、「各々の利害に関心があるさまざまな集団同士の協議」(ibid.) でもない。つまり、ランシエールにとって、民主主義政治とは、政治的主体性の特定のなにものかの取得可能性に依存するのではなく、新しい政治的主体性を生成するものである。それゆえ、ランシエールは、政治的主体とは「それ自身に『自覚的になり』、声を得、その存在の重みを社会に負わせる集団ではない」(Ranciére, 1999, p.40) と強調するのである。なぜなら、集団自身を主体として確立することは、政治的な「行為」以前に生じるのではなく、むしろその内に、それを通して、生じるからである。したがって、ランシエールは、政治的主体を「所与の経験の環境設定の内にある、空間、地域、アイデンティティ、機能、そして能力といったさまざまなものを結びつけたり切り離したりするオペレーター」として特徴づけるのである。この所与の経験の環境設定とは、「壊れやすく長くは続かない碑文かもしれないが、平等がすでに書き込まれているあらゆるものの分配と治安秩序の分配との連関」(ibid.) のことである。ランシエールがその例とするのがジャンヌ・ドゥロワンである。一八四九年に彼女は出馬することができない選挙に立候補した。そうすることによって「あらゆる普遍性から彼女の性を排除した普遍的困難の内側において、彼女はその矛盾を証明したのである」(ibid., p.41)。「治安秩序と政治の論理の間の真の矛盾」を舞台に据えることこそが、その出馬を政治的「行為」(ibid.) にしたのであり、そして、この政治的「行為」の内にこそ、またそれを通してこそ、政治的主体が確立されるのである。

このように述べられる政治が、ランシエールにとっての主体化のプロセスである。そのプロセスの内で、それを通して政治的主体性が確立され、存在に至るのである。正確に言えば、そのプロセスを通して新しい振る舞い方、存在の仕方が現れるのである。ここでいう主体化とは、「経験の所与の領野において先立って同一化できるほど明確ではない言明の、および身体と潜在能力が結びついた一連の行為を通した、産出であり、またその産出を通して、当の同一化が経験の領野の環境設定をし直すことの一部となる」ということである（Ranciére, 1999, p.35 またRanciére, 1995b も参照）。この定義において重要なことは、互いに緊密に結びついた二つのことである。第一に、強調すべきは、主体化がもつ補足的な「本性」である（Ranciére, 2003, pp.224-225 を参照）。ランシエールは、同一化とは、既存のアイデンティティに結びつくことであると主張している。つまり、既存の秩序において、あるいはランシエールの言い方を用いれば、既存の「知覚領域」あるいは「感覚世界」においてすでに適切で、可視的でかつ同一化できるほど明確な話し方と存在の仕方に結びつくことである（Ranciére, 2003, p.226）。他方で、主体化はつねに「脱同一化であり、ある場所がもつ自然さからの撤退」（Ranciére, 1995a, p.36 またRuitenberg, 2010 も参照）である。主体化とは、「主体の名を、そのコミュニティのいかなる明確な部分とも異なる存在として、刻み込むこと」である（ibid., p.37）。この文脈でランシエールが「現れ」という考えを用いるとき、それは彼も述べるように「実在が実在であることを覆い隠す幻想」を意味しているのではない（Ranciére, 2003, p.224）。主体化とは、事物の既存の秩序におけるどの場所にもなく、どの部分でもない存在の仕方の現れである（わたしはこれをかつて「現れ出ること」（Biesta, 2006）と述べた）。それゆえ、主体化とは、既存の秩序に付け加えることである。というのは、主体化は、新たなものの現れによって既存の秩序になにかを加えることであるからだ。そして第二の強調点だが、またまったくそうであるがゆえに、その付け加えは、「感覚可能なものの」（Ranciére, 2003, pp.224-225）区分つまり既存の秩序に新たな区分を設けることでもある。したがって、主体化は、「それぞれのアイデンティティに現在の社会的地位を与えた経験の領野を再定義する」（Ranciére, 1995, p.40）のである。つまりそれは、「コミュニティの知覚可能な構造を定義している振る舞い方、存在の仕方、ものの言い方の間の関係を、分解すると同時に再構成する」（ibid. 強調は原文のまま）のである。

そうするとこの説明によれば、民主主義政治は、それを可能にするためにある特定の種類の政治的主体を要件とするものではない、ということになる。政治的主体、つまり民主主義政治の行為者は、民主的な行動それ自身とともに、その内に立ち上がるのである。ひとことで言えば、政治的主体とは、コンセンサスの産出者ではなく、ディセンサスの「産物」である。それゆえ、教育は、個人を民主主義政治のために準備する必要などない。むしろ、民主主義政治への関与を通してこそ、政治的主体性が生成するのである。翻って、政治的主体性と民主主義政治の関係についていえば、ランシエールは教育を政治的主体の「産出者」としてのその伝統的な位置から移動させている。このことは、教育が果たす役割が無くなった、ということではなく、以下で述べるようにまったく異なるものになったのである。この含意について述べる前に、ムフの研究における政治的主体性の構想について手短にふれておきたい。

民主主義政治についてのランシエールの見解が根本的に秩序なきものであるために、民主的な市民の主体性にとっての固有の静的な形態というものは一切ない。そして、民主主義政治へのリベラルなアプローチが根本的に「秩序ある」ものであるために、民主的な人物がもつアイデンティティの明確なひな型が存在する。それらに対して、ムフのそれは、この二つの間の中間に位置するといってよい。すでに見たように、ムフがリベラリズムと共有するのは、政治が可能となるためには「秩序ある」ものでなければならない、つまり一定の形態、および連続性と安定性が必要だという考えである。しかし、ムフが否定するのは、その形態が自然なものであるという考え、そして民主主義政治に唯一の適切な形態がある、という考えである。境界線の引かれ方と「秩序ある」政治の構築のされ方は、まったく政治的なもののプロセスであり、また、「リベラル民主主義がもつ倫理＝政治的原理への共有された遵守」(Mouffe, 2000a, p.15) に限定されはするものの、論争に開かれたものなのである。

それゆえ、ムフのいう政治領域で「必要とされる」民主的な主体とは、自由と平等の原理へコミットする者、より一般的にいえば、民主主義の政治的プロジェクトへコミットする者である。これは、リベラルな政治的コミュニティの構想において想定されているものよりも開かれた種類の政治的主体性である。つまり、ムフは、政治的コミュニティにおいて、民主主義政治の原理についての妥当な唯一の定義があるという想定をしているわけではない。そしてそれだけではなく、むしろ、まったく政治的な主体性を想定しているのである。その主体性においては、民主主義は、すべての合理的な存在者が究極的に選ぶものという合理的プロジェクトではなく、政治的なものであり、それゆえ、まったく歴史的な「プロジェクト」として見なされている。その点で、ムフが用いる「コミットする」という言葉は、まったく適切なものである。というのも、ここでムフがほのめかしている政治的主体性とは、彼女の言葉で言えば、民主主義に熱心であることだからである。民主主義政治の目的とは、すでに述べたように、「敵対を闘技へと変換すること」である。ムフにとって、この目的の要件となるのは、「争点に対する集団的な情熱の表現方法となるチャンネルをその情熱に提供すること」である。「このことによって、同一化への十分な可能性を用意しつつ、反対者を敵としてではなく対抗者として構築しうるのである」(ibid.)。このことは、同様に、「民主主義政治の第一の任務が、合理的なコンセンサスが可能となるように情熱を公共的なものの圏域から除去することではなく、民主的なデザインへ向けて情熱を動員すること」(ibid. また Ruitenberg, 2009 も参照)を意味しているのである。いうなれば、民主的な主体とは、民主主義への欲求に駆られている者であり、より正しく言えば、民主主義のあり方の目下進行中の実験に関与する欲求に駆られている者である(こうした言い方については、Biesta, 2010b を参照)。

結論——無知な市民

本章では、民主主義政治の「本質」は、それを静的な政治秩序としてのみ考えるならば適切には捉えることはできないということを論証しようとしてきた。秩序は、わたしたちの生活の民主的な日常的行為にとって重要なものではあるが、いかなる政治秩序も、その「内側」と「外側」の区分をもつ以上、ただ存在しているだけではないことを忘れるべきではないのである。ムフとわたしにとって、この区分それ自身が重要な政治的な出来事である。民主主義秩序の境界線が自然なものだと述べることは、内外の区分の政治的な性格を否定するだけではなく、その境界線の引かれ方を問題にする可能性を排除すること、それゆえ、より適切な仕方で自由と平等の価値を表明しうるように境界線を引き直すための可能性も排除することになる。政治的コミュニティの境界線の引き直しは、量的な問題にはとどまらない。つまり、より多くの個人を特定の秩序のなかへ収めるという問題ではない。ランシエールとわたしにとって、政治秩序の境界線のもっとも重要な意味をもつ引き直しとは、質的なもの、つまり新しい政治的なアイデンティティと主体性を生成することである。ここにあるのは、民主主義へのランシエールのより秩序なきアプローチの重要性だけではない。民主主義は主体化のプロセス、つまり新しい政治的なアイデンティティと主体性が生じるプロセスであるという、ランシエールの主張の中心的な要素こそがここに示されているのである。

まとめると、こうした考えが形作るのは、教育、シティズンシップ、民主主義が結びついている伝統的なあり方からの重要な出発である。なぜなら、こうした考えが挑戦しているのは、民主主義が「離陸」するに先立って政治的主体性とアイデンティティが十分に形成されていなければならないという考えであるからだ（わたしは、この考え方を、市民学習および民主主義教育の社会化の構想として特徴づけた）。むしろ、政治的主体性の形成とその進行中の変容こそが、民主主義政治である。したがって、この章で描こうとしてきたのは、よき市民とはなにかについてのさまざまな構想の間の違いではない。よき市民とはなにか、という構想には、わたしたちはまずよき市民について決定することができ、そのうえで教育や他の手段を通してその「生産」に取りかかる、という争う余地のないかのような前提がある。むしろ描こうとしてきたのは、シティズンシップ、民主主義、知識の間の関係のわたしたちの理解の仕方の違いである。こうした関係をふまえたうえで、民主的な主体を深く理解するために、この「他なる」市民を無知な市民と呼んでみたい。民主的な主体とは、単純に教えられ、学ばれうるあらかじめ規定されたアイデンティティとして理解されるべきものではなく、民主的なプロセスと実践へのまったき関与を通して、新しく異なる仕方で幾度となく現れるものとして理解されなければならない。無知な市民とは、だれ彼が想定している「よき市民」などというものについてまったく気づいていない者のことである。無知な市民とは、ある意味でこのよき市民についての知識を拒否し、この拒否によって、飼いならされることを拒否し、前もって規定された市民のアイデンティティに縛りつけられることを拒否する者である。このことは、無知な市民がまったく「秩序の外側に」いるということではない。本章で明らかにしようとしてきたように、民主主義政治の「秩序ある」理解への反論は、完全に秩序なき主張をすることではない。つまり、既存の秩序へのあらゆる妨害が民主主義の実例であるということを主張するものではない。ランシエールがまったく明確に述べているのは、民主的な主体を産み出すディセンサスの基本的役割が平等の論理をもちいた治安秩序の論理への対抗だということである。それはちょうど、ムフにとって、既存の政治的ヘゲモニーの描き直しが、つねに自由と平等の原理への参照でもってなされる必要がある、ということと同様である。言い換えれば、民主的なプロジェクトが「準拠点」をもたないというのではない。民主的なプロジェクトは、こうした準拠点が、根本的に開かれており規定できないようなプロセスを生み出すという民主主義の考えそのものを特徴としてもつのである。これが、民主主義を（目下進行中の）実験として呼んだ理由であると同時に、市民学習と民主主義教育の異なる構想が必要であることの理由でもある。この構想では、市民学習は民主主義政治という目下進行中の実験の内在的次元である。市民学習のこのような主体化の構想は、多くの点で、社会化の構想と対照的なものとなっている。ここでの学習は、知識、スキル、コンピテンス、性質の獲得のことではなく、実験としての民主主義への関与であり、その実験に「曝されること」と関連している。このまったき関与こそが主体化するということである。ムフとわたしにとって、このような関与は、民主的たらんとする合理的な決意にもとづくものではなく（つまるところ、まったく根本的な意味において、民主主義について合理的なものなどない）、人間的連帯の特定のあり方への欲求により駆られているのである。この人間的連帯のあり方とは、数世紀を経て発展してきたものであり、「民主主義」と名づけられたものである（Biesta, 2010bを参照）。民主主義へのこの欲求は、認知のレベルで作動するものではなく、したがってどうしても教えられるものでもない。民主主義への欲求は、ある意味で、充填可能なものである。これが、市民学習のもっとも重要な形態が、子ども、若者、大人の日常生活を作り上げている実践やプロセスを通して生じる可能性が高いことの理由である。同様に、民主的なシティズンシップの未来と、学校と社会での民主主義の学習の機会について本当に懸念していたとしても、わたしたちの最大の関心がこれらのプロセスや実践を形作る条件に向けられる理由である。

エピローグ　民主主義・シティズンシップ・公共圏

　これまでの章では、シティズンシップ、民主主義、教育の関係についての現在の議論への批判的な分析を提示してきた。既存の社会的、政治的な「秩序」へ「新参者」を参加させるという社会化の面からのみ教育の役割を考える傾向に対して、わたしは、子どもや若者の政治的主体性の成立のために彼ら自身が民主主義の実験に参加する機会に焦点をあてるさらに複雑な理解の意義を主張してきた。学習はその実験において果たすべき役割をもっているが、それは未来のシティズンシップのための学習として理解されるべきではなく、むしろ、つねに開かれておりまた不完全な民主主義の実験への実際の参加から学習することとして理解されるべきである。すでに述べたように、このような実験は、民主主義をともなった実験として理解されるべきではなく、むしろ平等と自由といった民主主義の価値のパラメータの範囲内での実験であると理解されなければならない。つまり、一方で、個人の「要求」の集団的な「ニーズ」への変換につねに焦点をあてる実験であり、他方で、異なる民主的な「安定化」の可能性につねに開かれていなければならず、すでに存在するものへ他者を包含することを目的としてはならないのである。わたしはこうしたアプローチを、シティズンシップの学習とシティズンシップ教育の主体化の構想と呼んできた。主体化とは民主的な主体になる目下進行中のプロセスである。より正確には、民主的な主体性が成立する目下進行中のプロセスである。このエピローグでは、これまでの章で示された考えの筋道の基本構造を強調するために、なによりもまず、より明確かつ体系的な仕方で、本書のメインテーマやアイデアをまとめたい。それゆえ、このエピローグは、本書のなかで提唱しようとしたものの要約でもあり、おもなテーマやおもなアイデアについての、およびそれらの相互関係への振り返りでもある。そのため、本書で提示された考えのいくつかを繰り返すことになるが、それでもこの繰り返しによって本書の議論がひとつの結論へと至ることになれば、と願うところである。

シティズンシップは、社会的なものか、それとも政治的なものか？

本書の執筆を終えた後にしなければならなかった興味深い決定の一つは、表紙のための挿絵であった。これは簡単な作業ではなかった。結局のところ、「学習」とは実際にどのようなものなのか、どのようにして「民主主義」を描くのか、そしてこの二つの単語をうまく捉えて、それらを学校と社会の両方に位置づけようとする場合、どうすればよいのだろうか。学校、成人教育のクラス、勉強サークル、アートプロジェクト、抗議のデモなどの写真といった、さまざまな幅広い選択肢を検討した後、かなりシンプルで、なおかつある程度のどかな写真を選んだ。その写真は、羊の群れがカメラを背にして歩いているのに対し、一匹の羊だけが頭をカメラに向けている、というものだ。しかし、わたしにとって、この写真は本の中心的アイデアの一つを捉えているだけでなく、本書のメインテーマを探索する際の助けとなるイメージを提供しているのである。そのメインテーマとは、教育、民主主義、シティズンシップ、市民学習の間にある（複雑な）関係である。わたしは、この写真を、シティズンシップに関する写真として解釈することにした。この写真はある問いを投げかけるものである。その問いとは、よきシティズンシップとは、流れとうまくやる者、流れにそって行く者、全体の一部である者であるかどうか、それともよきシティズンシップとは、群から際立っている者、流れに反して進む者、「流れに逆らう」者、そしてある意味で、つねにわずかに「秩序の外側」にいる者かどうか、という問いである。

この質問に対する答えは「場合に依る」というものだ。ある意味で、わたしはこの答えに同意したい。なによりもまずこの答えが依っている「場合」とは、シティズンシップをもっぱら社会的なアイデンティティとして見るのか、それとも政治的なアイデンティティとして見るのか、というものである。社会的なシティズンシップとは、社会生活での自分の場所や役割と関係があるもので、政治的なシティズンシップとは、個人の間での関係と個人と国家の間の関係にかかわり、人びとの権利と義務にかかわり、そして集団的、民主的な熟慮および意思決定への参加にかかわるものである。すでに述べたように、政治家や政策立案者からのシティズンシップの問題への現在の関心は、この両方を要素としている。シティズンシップの議論は確かに社会的結束と統合および社会構造の強靭さと質に焦点をあてているのだが、他方で、政治家や政策立案者は、政治参加と民主主義の正統性に関する目下の懸念からもシティズンシップに関心がある。それゆえ、政治家や政策立案者からのシティズンシップへの注目の増加は、それが過去数十年にわたって世界中の多くの国で起こっているとしても、申し立てられた社会の危機と民主主義における危機の両者への応答として見ることができるのである。ただし重要なのは、シティズンシップの社会的な理解と政治的な理解は同じではないこと、それゆえ、それらが融合されるべきではないと理解しておくことである。つまり、結束した社会、強靭な構造をもった社会は、必ずしも、または自動的に、民主主義社会つまり平等と自由という民主主義の価値に方向づけられた社会などではない。加えて言えば、この観察の重要度を理解するために、ヨーロッパの歴史にそれほど深く戻っていく必要などもない。

シティズンシップの社会的な理解と政治的な理解の違いを見分ける一つの方法は、それぞれが複数性と差異においてどのように見えるかという点にある。シティズンシップの社会的な理解は、おもに複数性と差異を問題視する傾向がある。つまり、それらが社会の安定に迷惑をかけ、社会を脅かすものであり、したがって対処する必要があり、そして、ある程度克服さえする必要があるものとして理解する傾向がある。そのために、社会的な理解と政治的な理解を両端としてもつスペクトルの、この社会的な理解という端においてわたしたちが出くわすのは、社会がバラバラになりつつあるという言説であり、また共通の価値、国家のアイデンティティ、向社会的行動、隣人へのケアといったものに関係するものとしてのシティズンシップへの焦点化なのである。他方、シティズンシップの政治的な理解では、複数性と差異は、民主的なプロセスと実践のまさに存在理由として見なされており、それゆえ、保護され、育まれる必要があるものとして見なされている。こうした観点から羊の写真を見てみると、シティズンシップの社会的、政治的な理解の違いをちょうど表現しているものだ、と言えるかもしれない。つまり、その写真では、社会的な理解は、同じ方向に向かって集団として結束して進む羊の群れとして表されており、一方で、政治的な理解は、民主的なシティズンシップが同質性よりも複数性と差異への関心をもつことを強調して、目立った一匹の羊によって表されているのである。

しかし、シティズンシップの政治的な理解という角度から見ると、この写真には別の読み方の可能性がある。それは、群れが民主主義にコミットしているすべての人びとを表しており、目立つ一匹の羊は反民主主義であり、民主的なプロジェクトに反対し、それを支える価値観を拒否する人である、という読み方である。けれどもこの読み方はさらに重要な問題を提起している。それは、民主主義を明確に定義されたものとして、および明確に定義できる「秩序」として理解することができる場合が実際にあるかどうか、という問題である（もし、この秩序に同意している場合、あなたはその秩序の「内側」にいることになり、同意しない場合には、秩序の「外側」にいることになる）。あるいは、別の観点から民主主義という考えを理解しておく必要があるかどうか、という問題が提起されているのである。わたしが言いたいのは、状況は確かにより複雑であるということ、そして、民主主義の「秩序」が完全に定義され、決定されると単に仮定することは実際には民主主義そのものの考え方に反することであろう、ということである。

民主主義は、秩序あるものか、それとも秩序なきものか？

まず認識される必要があるのは、民主主義について自然なものはなにもないということ、そして合理的なものもなにもないということである。つまり、民主主義というのは、特定の歴史的な発明であり、何世紀にもわたって多くの人びとが複数性という条件のもとで統治と意思決定の問題に対処するための望ましい方法として見なすようになったものなのである。だが、民主主義のための説得力のある根拠があるわけではない。すくなくとも、平等と自由という基盤となる価値観に自身をコミットさせることに先立つ根拠はないのである。「人民の、人民による、人民のための」（エイブラハム・リンカーン）政治という考えは、結局のところ、ひとが人びとを気にかける場合の、そして、すべての人びととその自由について等しいやり方で気にかける場合の唯一の興味深い選択肢である。この点について、民主主義を「自然化」するリベラルな政治哲学の特定の傾向に対して、民主主義は徹底的に政治的なプロジェクトであることを主張してきたシャンタル・ムフにわたしは同意する。政治的なプロジェクトであるというのは、民主主義を選択することが合理的でも非合理的でもなくひとつの選択に過ぎないということである（あるいは、本書で述べたように、それは「民主主義」と呼ばれる政治的存在の特定のあり方への欲求から結果した選択である。Biesta, 2010を参照）。わたしたちは民主主義の望ましさに理由を与えることができるかもしれないが――そして、これまでに試みたすべての他の統治形態をのぞけば民主主義は最悪の形態であるというウィンストン・チャーチルの「最小限の」定義を好むかもしれないが――当のその理由は基本的な価値にコミットしている人の期待を担うものでしかない。それゆえ、民主主義に反対する人たちは非合理なのではなく、ただ民主主義に反対しているに過ぎないと見なされるべきなのである。あるいは、より抽象的な言葉で言い換えれば、合理性と非合理の間の区別は、自動的に民主主義とその「外側」の間の区別と一致するわけではないことに留意する必要があるのである。

民主主義が徹底的に政治的なプロジェクトであるというのは、すべてのものやすべての人びとを含むことなどできない、ということを意味している。ムフはつねに、「その基本的な制度を問題にする人びとを正統な敵対者として取りあつかうことができない」（Mouffe, 2005, p.120）民主主義社会は「境界なき多元主義」であり、こうした多元主義は民主主義ではない、とはっきりと主張している。ただし、民主的なコミュニティの境界線を一つのやり方で引けること、およびこれらの境界線に囲まれた民主的な秩序は固定されていること、を述べているわけではない。この主張が述べているのは、「論争含みのコンセンサス」としてムフが表現する民主主義の考えである。「論争含みのコンセンサス」とは、「すべての人のための自由と平等に関する倫理＝政治的価値についてのコンセンサスではあるが、（ただし）その解釈についてのディセンサスである」（ibid.）という考えである。それゆえ、引かれるべき境界線は「完全にそれらの価値を拒否した人びとと、それを受け入れながらも対立している解釈のために戦う人びととの間に」（ibid.）ある。民主主義を自然なものあるいは合理的なものとして見なす人びとは、したがって、羊の群れと民主的な秩序を同一視し、目立っている羊を反民主的かつ不合理なものとして見なすのである。他方、ムフが理解させてくれるのは、羊の群れは特定の民主的なヘゲモニーを表しているに過ぎないこと、また、自由と平等の価値の完全かつ最終的な裏付けであると決して主張するものではないことである（ムフはまた、自由と平等の価値はつねに緊張関係にあること、つまり「民主主義の逆説」と呼ぶ状態にあることを強調している。Mouffe, 2000b を参照）。目立っている一匹の羊は民主主義のプロジェクトを特徴づける価値に反対する者であると同時に、その羊は特定の民主的な「安定化」がつねにどうしても不完全であることを意味している一匹なのである。それゆえ、目立っている一匹は「異なる」民主主義の可能性を、すなわち民主主義の「秩序」の異なる環境設定の可能性がつねにあることを気づかせるものとして、振る舞うのである。

こうした考えをよりラディカルな方向で分析する思想家の一人がジャック・ランシエールである（とくに本書第七章の議論を参照。また、Bingham & Biesta, 2010 を参照）。ランシエールの次の二つの洞察こそ、この論点において重要なものである。第一のものは、完全に平等である社会的な秩序などありえない、という彼の示唆である（ランシエールの言い方に習えば、完全に平等な「治安秩序」などない)。いくつかの社会や社会の環境設定は他に比べてより平等（不平等がより少ない）かもしれないが、社会を構成するまさにそのあり方は完全な平等の可能性を排除するか、すくなくとも非常に起こりにくくするものなのである。しかし、ムフとは対照的にランシエールは、それぞれの社会的な秩序は全包括的なものであり、だれもが特定の場所、役割、アイデンティティを任意の秩序の内側にもつ、と主張している。しかし、重要なのは、だれもがその秩序の支配の内側にいるということを意味していない点である（この意味では、異なる理由だけれども、ランシエールはムフに同意していると言える)。つまり、アテネの民主主義では、女性、子ども、奴隷、移民は、ポリスについての意思決定に参加することは許されなかった人たちとして、明確な場所とアイデンティティをもっていたのである。このことが意味するのは、ランシエールが述べるように、彼らは「排除されたものとして、包含されていた」のである。こうしたことを背景として、ランシエールは「政治」――ランシエールにとってはつねに民主主義の政治である――を平等の考えに準拠して既存の社会的な秩序を妨げること、と定義するのである。だれもがその内側に場所をもつ特定の秩序を妨げることとしての政治とは、したがって、「集団を規定してきた空間の環境設定をし直す」(Rancière, 2003, p. 30) 行為において出現するものである。ランシエールが述べるように、「政治とは、見えなかったことがらを見えるようにし、かつて雑音しか聞こえなかった場所でまじめな会話が聞こえるようにすることである」(ibid.)。

このことから二つの結論が得られる。第一のものは、民主主義は、もはや「体制や生活の社会的なあり方」（ibid., p.101）として理解されてはならず、既存の社会的な秩序の「論理」と対峙しているその瞬間に生じるものとして理解されなければならない、ということである。ランシエールは、この対峙を、ディセンサス（不一致）と呼んでいる。しかし、ディセンサスは利害や意見の対立として理解されてはならない。むしろ、「確定された感覚世界の内側での、すでにあるものではあるがその世界に異質なものの産出」（ibid., p.226）として理解されなければならない。このようにランシエールにおいては、民主主義は特定の秩序ではなく（ここはランシエールがムフと明らかに異なる）、特定の社会的な秩序が「平等」の名のもとで妨げられるその瞬間に生じる、散発的なものとされるのである（この考えについては、Biesta, 2009を参照）。こうした主張にもとづくならば、民主主義の発生は群れによっても、また目立っている一匹によっても表現されるものではない。ランシエールの主張をもって言いうるのは、群れと目立っている一匹の両方が、その秩序の中の異なる場所に配置されてはいるが、既存の社会的な秩序の一部であるということである。したがって、民主主義が発生するのは、一匹の羊がその頭を上げ、既存の秩序の中などでは考えもつかない振る舞い方や存在の仕方を、すなわち、既存の秩序の中で可能なアイデンティティとしてまだ存在していない振る舞い方や存在の仕方を要求するその瞬間である。

ランシエールが用意した一つの例は、投票から女性たちを除外するシステムの中で、投票する権利を主張する女性である。ここでのポイントは、そして、ランシエールの仕事から導き出したい第二の含意につながるのは、この女性の主張を、あらかじめ女性たちが除外されている秩序への包摂を求めているものとして理解するべきではない、ということである。そう理解してならないのは、投票権を主張する女性がすでに存在しているアイデンティティを求めているわけではないからである。彼女たちは、男性になりたいわけではなく、投票権をもった女性になりたいのである。これは、平等の考えに準拠してなされた主張である。彼女たちは、このように既存の社会的な秩序では不可能であるまさにそのアイデンティティを主張しているのであり、それゆえ、確定された社会的な秩序の内側で〔ランシエールの表現を用いれば〕「すでにあるものではあるがその世界に異質なもの」を導入しているのである。民主主義の発生の契機は、したがって、既存の秩序をただ単に妨げることにあるのではなく、新しい振る舞い方と存在の仕方があり、新しいアイデンティティが作用しはじめるような秩序へと、秩序の環境設定をし直すことに帰着するように妨げることにある。ここに、ランシエールが、民主主義政治の契機は既存の同一化のプロセス、つまり既存のアイデンティティに結びつくプロセスではなく、むしろ脱同一化、あるいは彼が言うように主体化、つまり民主的な主体になるプロセスである、と主張している理由がある。それは民主的な行為主体の「誕生」の瞬間なのである。しかしながら、この「誕生」はつねに「常軌を逸している」〔秩序の外にある〕のである。この「誕生」は、羊の群れでも、目立つ一匹の羊でも表現されないのだが、すでに述べたように、羊が頭の向きを変え、新しく異なる仕方で語るその瞬間に表現されるものである。民主主義の出来事とは——それは主体化の出来事でもある——出来事として静的な写真では捉えられないのだ。

社会化としての市民学習か、それとも主体化としての市民学習か？

わたしが以上のような議論をはじめた場所は、シティズンシップ、学習、教育の関係について書いているほとんどの人が、シティズンシップの学習がよきシティズンシップに必要とされる知識、スキル、性向の獲得に関係しているというほのめかしによって議論をはじめたように見える場所である。しかし、わたしはその場所から議論をはじめなかったし、はじめることができなかった理由は二つある。第一のものはシティズンシップの意味が争われているという事実に関係している。加えて言えばそれは、シティズンシップの意味は本質的に論争的なものである、と主張されることさえあるような事実である。このことが意味しているのは、よきシティズンシップをめぐる論争が、実際、民主主義の本質的な部分をなす、ということである。わたしが述べてきたのは、シティズンシップが社会的なアイデンティティとして、あるいは政治的なアイデンティティとして理解されるべきであるかどうかについての議論だけがあるということではない。シティズンシップを根本的に政治的なアイデンティティとして見なす（わたしも同じ立場をとっている）人びとの間にも、よきシティズンシップについての異なる見解があるということである。つまり、より重要なことは（わたしはそのように示したいのだが）、シティズンシップが、積極的なアイデンティティであるのか、——積極的に同一化の対象となり、明示化されるアイデンティティであるのか——それとも、脱同一化のプロセスとして、すなわち、つねにどうしても「常軌を逸して」しまう政治的行為主体の契機として理解されるべきなのか、という異なる見解もまた存在する、ということである。

よき市民となるために学ばれるべきものとして知識、スキル、性向を求めることを当然視しなかった第二の理由は、多くの人が前提として想定しているものとは異なる、次のことに関係している。すなわち、シティズンシップに含まれる学習を理解する仕方は、わたしたちのシティズンシップ自体を理解する仕方に影響をもたらさないわけにはいかない、ということである。それゆえ、シティズンシップの学習のために学習理論を参照し、シティズンシップのために政治理論を参照し、市民の学習を引き起こすためにこの二つを一緒にして継ぎ目を補強すればよい、ということではないのである。ここでの論点は、積極的で、同一化可能なアイデンティティとしてシティズンシップを見なしている限り、複雑な市民学習を、実際には、このアイデンティティをもたらすのに必要とされる知識、スキル、性向の獲得のプロセスとして見なしてしまう、ということである。あるいは、他の側面から言えば、既存の社会的・政治的な秩序に新参者が適応するために知識、スキル、性向が必要とされるということである。他方、もし既存の社会的・政治的な秩序との脱同一化の契機が民主主義の契機であるならば、そして、この状況こそ民主的な主体が現れる契機であるならば、複雑な市民学習の本性と位置は変化することになるのである。以上のような論点をもとに提案したのが、シティズンシップの学習の社会化の構想（既存の社会的・政治的な秩序の一部となるために必要な学習）と、シティズンシップの学習の主体化の構想（民主主義の「実験」と呼びうるものへの関与にともなう学習）とを区別することである。シティズンシップの学習の社会化の構想は、将来のシティズンシップへの学習であるのに対し、シティズンシップの学習の主体化の構想とは、民主主義の目下進行中の実験への関与とその現在の経験から、つまり現在のシティズンシップからの学習なのである。

私的圏域から公共圏への民主主義の実験

主体化の構想としての市民学習の特徴をさらに述べる前に、民主主義の実験についていくつか述べておきたい。それは、この実験が必ずともなうことを心得ておく場合にのみ、この実験にかかわる重要な種類の学習を見分けはじめるのだ、ということである。「民主主義の実験」という表現を用いているのは、民主主義がもつ必然的に開かれた特徴を強調するためである。わたしは、民主主義が完全に「秩序なし」（つまり、いかなる形式ももちえないもの）ではありえないし、そうである必要もないとする点でムフに同意すると同時に、ムフとランシエールとともに、民主的なプロセスは、民主主義のさらなる充実の可能性だけでなく、異なる民主主義の可能性にも、すなわち、部分や場所の異なる分配のあり方の可能性、民主的なアイデンティティと主体性についての環境設定をし直す可能性にも根本的に開かれていなければならない、と考えているのである。こうした考えをうまく表現する方法が、民主主義を決して終わらない目下進行中の実験として考えることなのである。

民主主義の実験のダイナミクスについて述べるべきことは多くあるが（実験的なものとしての民主主義を述べているのであって、平等と自由のパラメータの外に向かうことで民主主義それ自体を危機に陥らせるものとしての、民主主義をともなった実験について述べているのではないことを強調することは重要なのだが）、わたしが強調したいことの一つは、民主主義の実験は変換のプロセスとして理解されなければならない、という考えである。そしておそらく、民主主義の実験で危機にさらされているもっとも重要な変換は、ライト・ミルズの表現を援用すれば、「私的なトラブル」を「公共的な問題」（Mills, 1959）へ変換することである。変換のプロセスとして民主主義を特徴づけることによって、わたし自身の構想は、総計という観点で民主主義を純粋に理解する構想から、つまり数字の最大値のみが重視され、マイノリティがマジョリティに自らを適合させなければならないものに過ぎない、数学的な数遊びとして民主主義を理解する構想から区別されることになる。わたしにとって民主主義とは、マジョリティへの関心だけでなく、結局のところ特定のマジョリティが構成されているためにマイノリティであるに過ぎないのだが、マイノリティへの関心も必要とするものなのである。

しかし、ここでのより大きな論点は、民主主義の実験が、集団の利益と共通善（あるいは共通の財）に向かうものとして理解されなければならないことにある。公共的なことがらへ向かうものとして理解される必要があるのである。したがって、民主主義の実験でつねに問題となるのは、私的な――個人あるいは集団によって求められている――「要求」がどの程度またどのようなかたちで集団的なニーズとして支援されるのか、という問題なのである。言い換えれば、個人の要求が多様であること、および資源がつねに限られていることを考慮して、私的な「要求」がどの程度またどのようなかたちで集団のレベルで望ましいものとして考えられるのか、という問題である（要求とニーズの区別については、Heller & Fehér, 1989を参照）。このことは、ジークムント・バウマンが述べたように、「公共的な問題についての言語に私的な問題が翻訳される」というプロセスであるだけでなく、「公共的な解決が、私的なトラブルを理由に、探究され、交渉され、同意される」（Bauman, 2000, p.39）というプロセスでもある。民主的な実験を変換という観点から考えることは、人びとの問題が変換されるということのみを意味しているわけではない。ランシエールの議論を用いてすでに強調してきたように、民主主義の実験への関与は人びとを変えることでもある。つまり、人びとが変わることに民主的な主体性と政治的な主体性を生じさせる可能性がある、ということがもっとも重要なことなのである。

　民主主義の実験というものが変換のプロセスである以上、それは潜在的には学習プロセスでもある。しかし、問題となっている学習とは、実験に「適切」に従事するために必要な知識、スキル、性向の獲得ではない。その理由は、もっとも重要なことだが、学習自体が実験であることから、この実験に関与するための適切な仕方がどのようなものか完全には明らかではないことにある。そのために、主体化の様式としての市民学習は非線形的なプロセスとして考えなければならないのである。すなわち、市民でない状態から市民である状態へと線形的に至るのではなく、人びとの現実のシティズンシップの経験と民主主義の実験への関与によって、不規則に変動するプロセスとして考えなければならないのである（Lawy & Biesta, 2006; Van der Veen *et al.* 2007を参照）。また、この学習を繰り返されるものとして考える必要もある。学ばれたものは、どこかに格納されるだけのものではなく、つねに行為のなかにフィードバックされるものであるからだ。そして、主体化の様式としての市民学習は非線形的である一方で、間違いなく、累積的なものでもある。つまり、過去の経験は、あっさりと根こそぎにされたり上書きされたりするものではなく、未来の経験や行為のなかで役割を果たし続けるからである。後者の点はとくに重要である。というのも、民主主義の実験への関与は肯定的なものと否定的なものの両方の経験を産み出すからである。それゆえ、民主主義の実験への関与は、民主的な振る舞い方や存在の仕方への欲求をつねに強めるものだ、あるいは反対につねに弱めるものだ、と期待してはならないのである。

公共的な場所

こうしたことが主体化の様式としての市民学習の性格を示すものだとすれば、今や、その種類の学習が生じる場所はどこか、という問題に向かうことができる。ここで指摘したい点は、この種の市民学習が公共的な場所「において」発生することである（詳細は以下で論じる）。もちろん、このことはさらに、公共的な場所とはなにか、どのようなものか、どこにあるのか、そして、場所と学習を結びつけているものがなんであるのか、という問題を投げかけることになる。多くの場合、公共的な場所という考えから思い起こすのは、ギリシアのアゴラやフォロロマーノの町の広場、市が開かれる場所、公園といったイメージだが、このような空間を公共的な場所として特徴づけるかどうかという問題と関係しているのは、こうした空間がどのように見えるか、というよりむしろ、そこでなにができるのかという点である。わたしが提案したいのは、場所を公共的なものにするものは、まさに、私的な要求を集団的ニーズへと変換することが可能な範囲だ、ということである。言い換えれば、公共的な場所とは、民主主義の実験が成立し、実行される場所であり、この実行からなにかが学ばれる場所である。

本書の第六章で詳しく述べたように、マーカンドは彼の著作である『公共的なものの衰退』(Marquand, 2004) で公共的領域と彼が呼ぶものを次のように強調して特徴づけていた。すなわち、公共的領域とは、社会生活の次元であって、その一部門として理解されるべきではない、と。言い換えれば、公共的領域は地理的な場所ではなく、実践として理解されるべきものなのである。マーカンドはその「活動のまとまり」をそれ独自の規範や決定ルールをもったものとして考えている。マーカンドが強調するのは、公共的領域は、「愛、友情、個人的なつながり」からなる私的な領域と異なるだけでなく、「売り買いと利害とインセンティブ」(ibid., p.4) からなる市場の領域とも異なるものであり、またこれらの領域と別のものでもある、ということである。こうした理由から、公共的領域を、「隣接する市場的領域と私的領域から保護され、見知らぬ人同士が社会の一般的な生活のなかで対等なパートナーとして出会う場所」(ibid., p.27) として定義するのである。そして、マーカンドによれば、公共的領域の主要な機能は公共の利益を規定し、公共の財を産み出すことである (ibid., p.26を参照)。このことが意味するのは、価値が「公共的領域を支えると同時に、公共的領域によって支えられている」(ibid., p.57) ということである。マーカンドが述べるように、集団的関心がときにだれかの直接的な利己的関心と衝突することを考慮すれば、公共的領域への関与とコミットメントが意味するのは、「一定の規律」であり、また「一定の自制」(ibid., p.57) である。興味深いことに、マーカンドは、このことは自然に生じることがらなどではなく、「ときに苦痛をともないながらも、学習を通して内面化」(ibid., p.57) される必要がある、と主張している。

私的領域と市場的領域の両方とは別のものであり、また異なるものであるという公共的領域についてのマーカンドの位置づけ方 (あるいは、わたしたちであれば、私的な相互作用の「論理」と市場の相互作用の「論理」とは別のものであり、また異なる、と言いうる位置づけ方) は、公共的な場所がわたしたちの時代であっても依然としてどの程度「実現」可能なのか、といった問いに取り組むために有益である。言い換えれば、民主主義の実験の成立と実行の可能性を脅かす展開を見分けるために有益なのである。構造的には、二つの脅威がある。一つは、公共的領域が市場の論理によって乗っ取られるという、つねにあるリスクである。多くの評論家は乗っ取られてきたプロセスについて書いてきたが、もっとも注目すべきは、新自由主義への批評を通じて書かれたものである。公共的な論理から市場の論理へのシフトを特徴づけるのは、市民が公共サービスの消費者に変わってしまい、選択肢が提供されるようになったプロセスである。しかし、選択は民主主義の概念ではない。というのも、まさに変換という考えが選択に欠落しているからだ。もっぱら選択は私的な要求のレベルでなされるものである。選択とはセットメニューから選ぶことであり、メニューになにを載せるべきかについてそもそも集団的にかかわることをともなうことではない。

公共的領域を脅かしているもう一つの展開は、私的領域と私的な相互作用の論理の側に由来している。これはほとんど書かれない現象である。マーカンドは、この脅威には二つの側面があるという。第一の側面は、彼が「私的なものからの報復」(ibid., p.79) と呼ぶものである。彼が念頭においているのは、「公共的な任務と関与がもつ、しっかりとしていて、努力を要する『不自然な』振る舞いの厳格さ」(ibid.) への抵抗である。これは、民主主義の実験が要求するものが多く、難しいために、関与することに抵抗を感じていることとして見なせるものである。第二の側面は、政治的なアイデンティティという考えに関係しており、「私的な自己はどんな所でも万能であるはずだ」(ibid., p.80) という前提によって、どんなタイプの熟議政治も「現実的には不可能」(ibid., pp.80-82) なものであった、というマーカンドの観察に表現されているものである。このことと共鳴するのは、すでに述べた、民主主義の実験への関与が、その人の「問題」(つまりその人の要求) の変換の可能性だけでなく、その人のアイデンティティやその自己の変換の可能性もともなうということである。

多くの評論家が示してきたのは、公共圏の衰退と民主主義における広範な「危機」(投票の義務のない国々での低投票率、政党や政治組織への組織率の低下、そして民主主義政治への一般的関心の低下というような事実に現れている危機）が、市民の側における動機と関心の欠如の結果である、というものであった。このことが意味しているのは、市民が民主主義の危機の原因と見られているということだけではない――このことは、市民が咎められている理由を説明しているのである。そして、それに加えて、過去数十年にわたって、世界中の多くの国でおこなわれたシティズンシップ教育への莫大な投資も説明しているのである。その投資の前提となっていたのは、よりよき民主主義を得るためにはよりよき市民を生産または創出する必要があるという考えであった。その様相については、第二章、第三章、第四章、第五章の各章で論述し分析してきた。

　こうした考え方は、学習がよきシティズンシップを生み出すと想定し、そして次には、よき市民は良好な民主主義をもたらすと想定する、市民学習の社会化の構想と適合的である。しかし、実際に起こっていることについては別の解釈の可能性がある。それは、シティズンシップからの退却が、民主主義の危機の原因であるのではなく、むしろ危機がもたらした結果である、という解釈である。民主的なシティズンシップの実行可能性は、選択と民主主義を置き換えて公共的領域に市場の論理を組み込むことで、そして、民主主義が最終的には変換をおこなうものだという考えに見切りをつけることで、消えはじめるのである。これは市民が民主主義から退却するプロセスのように見えるかもしれないが、実際には市民が「押し出される」プロセスであり、したがって、民主的なシティズンシップの重要な可能性が排除されるプロセスなのである。それゆえ、わたしは、よりよき民主主義を得るためによりよき市民が必要である（これは市民学習の社会化の構想に由来する議論である）、などと提案するのではなく、むしろ、よりよき市民となるためにはよりよき民主主義を必要とする、と提案したい（この洞察は、ジョン・デューイの仕事の中心的な役割を果たしている。Carr & Hartnett, 1996を参照）。したがって、民主主義の実験が異なる方向からの幅広い脅威にさらされているわたしたちの時代に必要な市民学習とは、民主主義の実験の成立と実行に内在的に関連している類いの市民学習なのである。それは、公共的な場所で生じるだけでなく、ある意味で、公共的な場所のようなものを構成する市民学習である。

結論

本書では、現代の民主主義社会が直面している課題のいくつかに対応できる市民学習の構想を明確にするために、シティズンシップ、民主主義、学習の関係を探究してきた。これらの課題の一つは、公共圏の衰退、つまり民主主義の実験を実行するための重要な圏域の衰退に関係している。本書が論じてきたのは、この衰退をよきシティズンシップの欠如の結果として理解してはならない、ということである。だから、よき市民の生産への投資（過去数十年にわたって、政策立案者や政治家のアジェンダにおいて高い優先順位が与えられており、学校や大学のカリキュラムに大きな影響を与えてきたもの）が、わたしたちに必要な種類の市民学習であるなどとは考えてはならないのである。わたしは、シティズンシップと市民の精神の明白な欠如のために個人を非難するというのではなく、ある前提にもとづきながらわたしたちの社会で利用可能な民主主義の実験の実行のための実際の機会を求めることによって、もう一方の端から開始すべきだと主張してきた。その前提とは、このような実践への参加は、シティズンシップと民主的な主体の意味のあるかたちを生むことができる、という前提である。

この点に関してわたしが考えていることは、社会化の観点ではなく主体化の観点から学習機会を理解するということを念頭におくならば、民主主義の実践は確実に重要な学習機会を提供するということである（Van der Veen *et al.*, 2007）。社会化の構想はつねにその出発点および参照フレームとして既存の社会的・政治的な秩序を用いることによって市民の飼いならしというリスクを冒すのに対し、主体化の構想は民主主義の実験への関与を通して政治的主体と民主的な主体性が促進され、また支えられるという、より困難で複雑な方法に明示的な焦点をあてるのである。民主主義の実験での学習の役割を強調することは（その役割は、民主主義は根本的に変換するプロセスであるという事実から帰結するものであるが）、そうした学習を必要としたり要求したりすることがあるというのではなく、またとりわけ国家が市民にそうした学習を必要としたり要求したりする、ということでもない（そうした要求のなかで働いている政治については、Biesta, 2013を参照）。市民学習の主体化の構想は、社会化の構想のように、民主主義の実験への関与と市民たちのシティズンシップの行使が「許可される」前に、市民としての知識、スキル、性向のまとまりを人びとが獲得する必要があるという前提を出発点とするものではない。言い換えれば、民主主義のための卒業証書または運転免許証のようなものはないのである。このことは民主主義が完全に開かれており、境界などない、といったことを述べているのではない。民主主義の実験への関与はつねに平等と自由という民主主義の価値にもとづいておこなう必要がある。したがって、この実験への関与は、市民のスキルや能力といった一連の特定のものにもとづいているのではない以上、政治のあり方のなかでも民主主義と呼ばれる特定のあり方への欲求によって駆られるものなのである。第七章（また、Biesta, 2010も参照）で示唆しているように、この欲求は、教えられることも学ばれることも不可能で、ただ、民主主義の実験への関与によって充填されることだけが可能なのである。

民主的なプロセスと実践の質を懸念する人びとのために描き出されるべきもっとも重要な結論は、市民に、よりよき市民になるためにさらに多くを学ぶ必要がある、と語ることに焦点を合わせるべきではない、ということである。むしろ、優先すべきは、民主主義の実験をおこなうことができる場所と空間を開いたままにしておくことである。これは、構造様式の問題は間違いなく無視できないとはいえ、より多くの町の広場や市が開かれる場所が必要だということではない。むしろ、なによりもまず必要なのは、民主主義の論理が市場の論理や私的領域の論理によって乗っ取られることがないように、警戒し続けることである。

訳者解説

著者のガート・ビースタは、教育哲学者である。職業経験の後、オランダ国内にあるライデン大学にて、ジョン・デューイの理論、ドイツの批判理論、アメリカの批判的教育学などを学び、一九九二年に博士号を取得している。エクセター大学に異動した一九九九年以降、ビースタは本格的にシティズンシップなどの具体的な教育政策に取り組んでいる。二〇一一―一二年には初の北アメリカ以外からの会長として、アメリカ教育哲学会会長を務めた。ビースタの経歴については、訳者あとがきで詳細に述べられているため、ここでは主に彼の思想的背景について述べる。

ビースタのデューイ研究に大きな影響を与えたのは、哲学者カール・ポパーの仕事であった。ポパーの科学に対する考え方を通して、ビースタはデューイの知識論を読み解いている。ビースタの科学的世界に対する考えは、本書においてもブルーノ・ラトゥールを取り上げているように、現在でもかわらず一貫している。博士論文執筆後も、ビースタは、アメリカの批判的教育学、デューイやジョージ・ハーバート・ミードのプラグマティズム、ユルゲン・ハーバーマスの批判理論、クラウス・モレンハウアーやクラウス・シャラーなどのドイツ教育理論、マルティヌス・ヤン・ランゲフェルトなどのオランダ教育理論についての研究をさらに進め、アメリカ教育学とヨーロッパ大陸の教育学との対話を深めていった。こうしたアメリカの教育学・哲学とヨーロッパ大陸の教育学・哲学との対話は、ビースタの思想的特徴である。そのなかで、批判的でプラグマティックな教育の捉え方が形成された。

しかし、ジャック・デリダとの出会いによって、ビースタは批判から脱構築へ向かうことになる。デリダの仕事を通して、ビースタはデューイの問題点に気づき、ポストモダン後の教育理論の可能性は脱構築にあると考えるようになる。さらに、ハンナ・アレント、エマニュエル・レヴィナス、アルフォンソ・リンギスとの出会いによって、ビースタは倫理＝政治的方向へ転回する。

批判的・プラグマティックな教育理解から倫理＝政治的な教育理解へと重点を移動させたビースタの教育思想は、純粋な実存主義でもなく、純粋なプラグマティズムでもない。その思想は、プラグマティズムと実存主義の溶解した新たな思想といえるだろう。本書の具体的な教育政策を分析するビースタの眼は、こうした思想によって形作られている。

本書で一貫して取られている分析の観点は、エピローグに記されているように、学習と教育の「社会化と主体化」の区別である。社会化とは、「既存の社会的・政治的な秩序の再生産にかかわる学習と教育の役割に注目」し、「既存の秩序に対する個人の適応を強調する」ことである。それに対して、主体化とは、「民主的なシティズンシップを個人が獲得する既存のアイデンティティとしてだけでなく、未来に向けて根本的に開かれた目下進行中のプロセスとしても考えること」である。

ビースタから見れば、今日なされているシティズンシップ教育・政策の多くは社会化にかかわることである。そのため、シティズンシップ教育・政策は、ますます消費者としての私的な動機を前提とするような考え、学習を個人の能力へ還元する傾向を強め、個人主義化を加速させている。ここで看過されてしまっているのが、主体化にかかわることである。たとえば、シティズンシップ教育においてよきコミュニティの参加者であることは強調されるが、民主主義を成り立たせている政治的な主体であることを重視することがあまりなされていないことである。

ビースタが政治的な主体と述べる場合、ジャック・ランシエールに影響を受けており、その政治という言葉には特別な意味が込められている。政治とは、複数性と差異によって特徴づけられるような領域のことを指している。政治的な主体としてのかかわりとは、既存の社会秩序を維持することではなく、その秩序を成り立たせている境界線をつねに引き直すことである。シャンタル・ムフに従い、ビースタもまた、異なる意見を持つ者、既存の社会秩序を脅かす者を敵対者として捉えるのではなく、対抗者として捉え、共に民主主義を構成する者として捉えているため、民主主義におけるコンセンサスよりもディセンサスに目を向けている。それゆえ、わたしたちは、日常の生活を営むなかでだれかと合意できないときに、政治的な主体として現れているといえる。その意味では、だれもが政治的な主体になることができる。あるいは、複数性と差異のなかでわたしたち一人ひとりは、すでに政治的な主体であるといえる。だが、その主体化に終わり／完成はない。それは、生涯を通しての課題なのである。

ビースタが生涯学習と民主主義の関係を議論する理由がここにある。政治的な主体化は、民主主義をつねに／生涯にわたって構成し、学習することである。知識の経済的価値が高まる今日、ビースタから見れば、生涯学習は、経済成長のために生産的で雇用可能性を産む学習へ変化してしまい、民主主義に本質的な価値をおく学習から遠ざかってしまっている。

ビースタが主張する「学習する民主主義」とは、こうした日常経験を視野に入れた学習である。シティズンシップは、教える内容というよりも、若者たちがおかれた状況――たとえば、第三国に住んでいる者、両親と異なる言語を身につけている者など――の中にあり、教えることによって解決されるような、単純で、生活と分離した問題ではない。ビースタが述べるシティズンシップ教育は、学校を含んだ広く社会でおこなわれる民主的な主体形成、市民としての学習である。ここでいう学習とは、それ自体を経験しながらその領域を持続させ、活性化させ、改革していくような行為のことである。それゆえ、ビースタから見れば、今日における民主主義の危機は、人びとが政治に関与しないことではなく、民主主義の経験を可能にする機会が限定されていることにある。

このような学習の捉え方はプラグマティズムの思想に接続していると同時に、主体化、政治、民主主義の捉え方は、倫理＝政治的な布置からなされた政治的実存を含んでいる。こうした混合された思想から、シティズンシップ教育・政策が読み解かれているところに本書の特徴がある。

本書のもう一つの特徴は、高等教育の役割、すなわち大学の市民的役割について述べている点にある。ビースタから見れば、大学における知識の独占が科学的な知識の優位性とつながったとき、民主主義は後退する。それゆえ、大学は知識の民主化に貢献すべきであり、知識民主主義の発展を進めるべきであると主張される。

全体を通して、ビースタの主張を一言でいえば、次のようになる。民主主義の学習とは政治における主体化である。これら一つひとつの言葉の背景には、本書で見てきたように、プラグマティズムの思想、近年活躍しているジークムント・バウマン、ムフ、ラトゥール、ランシエールらの思想を存分に吸収した意味が広がっており、字義通りというわけではない。つねにマージナルな位置から思想を展開するビースタの主張は、シティズンシップ教育がシティズンを蝕んでいく様を問題にしているようにも聞こえてくる。

今日の教育と現代思想を結びつける良質な思考によって編まれた本書は、教育哲学者ビースタから贈られたシティズンシップ教育についての一つの地図である。

それにどのように応えるか。日本とヨーロッパにおける文化的な違いを考慮しながら考える必要がある。だからこそ、それに応える前に浮かんでくる問いがある。日本の子どもや若者にとって、民主主義はどのような姿として映っているのだろうか。日本の子どもや若者は、民主主義をどのように体験し感じているのだろうか。そして、大人はどうであろうか。

残された理論的課題もまたある。本書で明確に示されることのなかった、集合的な学習がどのような世界を開くのかについてである。個人化社会のなかで進められる教育について、その学習形態や習得における個人主義的観点を批判するだけではなく、個人化社会における集合的な学習の特性や世界を新たに描き出すという教育学的課題がなおも残っているように思われる。

藤井　佳世

訳者あとがき

本書は、Gert J. J. Biesta, *Learning Democracy in School and Society: Education, Lifelong Learning, and the Politics of Citizenship*, Rotterdam/Boston/Taipei: Sense Publishers, 2011の全訳である。日本語版の刊行に際し、タイトルを『民主主義を学習する——教育・生涯学習・シティズンシップ』に変更した。また、原著にはなかった、著者による「日本語版への序文」と、エピローグ「民主主義・シティズンシップ・公共圏」を加えた。

著者のガート・ビースタは、一九五七年、オランダ生まれで、ライデン大学でジーブレン・ミーディマ（現在、アムステルダム自由大学教授）の指導のもとで、「デューイの知識と行為の関係」についての研究テーマで博士の学位を取得した後、全米教育アカデミーのスペンサー・ポストドクトラルフェロー、オランダのライデン大学講師、ユトレヒト大学上級講師、イギリスのエクセター大学教授、スコットランドのスターリング大学教授などを経て、二〇一三年一月から、ルクセンブルク大学言語・文学・人文科学・芸術・教育学部教授（専攻は教育理論・政策）である。ビースタは、アメリカ教育哲学会会長、スウェーデンのウプサラ大学、オレブロ大学名誉博士、マラーダレン大学客員教授にも着任するなど、高度で卓越した国際水準の教育学研究者として広く知られている。ビースタの日本語での翻訳書は本書がはじめてであるが（ビースタの著書については、後述の「ガート・ビースタ著書一覧」を参照）、原著の *Learning Democracy in School and Society: Education, Lifelong Learning, and the Politics of Citizenship* は、二〇一三年にデンマーク語での翻訳（*Demokratilæring i skole og samfund*）がクリム出版（*Forlaget Klim*）から刊行されている。

本書は、現代において、「民主主義の学習」を再生する方略を、理論的、歴史的、政策的な分析を通して考察している。とくに、イングランド、スコットランド、ヨーロッパ大陸の学校と社会で活発に実践されている「シティズンシップ教育」について批判的・発展的に検証したうえで、個人の資質や能力、到達目標として掲げられる市民概念や、「自己責任」を過度に強調する市民概念、グローバルな労働市場に適応する知識、スキル、価値、性向、態度の獲得を中心におく市民学習、シティズンシップ教育が学校の授業だけで遂行されるという考え方を超えて、子ども、若者、大人たちの日々の学習を支える社会的、文化的、経済的な条件を問うことの必要性とともに、彼らの日常生活の実践的プロセスのなかから、「政治的な主体化」を図る「民主的なシティズンシップ」の形成を積極的に擁護している。ビースタは、従来の限定的な意味での「シティズンシップ教育」を批判し、「民主的なシティズンシップ」にかかわる包括的で複雑な形成過程に焦点をあわせた「民主主義の学習」を探究している。

今日、日本でも、大規模な教育改革が進められようとしている。「戦後教育」や「戦後民主主義」の理念が毀誉褒貶に晒され、それらの清算と脱却が叫ばれると同時に、新たな教育システムへの変革が目指されている。なかでも、一九八〇年代のイギリスのサッチャリズムの改革は、今日の日本においてなお、多大な影響を与えている。経済と社会のグローバル化にともない、競争・選択中心の「自己責任」を提唱する市場原理的な新自由主義が推進されるとともに、「愛国心」や「国民」のアイデンティティを称揚する新保守主義が勢力を伸張させている。二〇〇六年の教育基本法改正や、今日の憲法改正論議をはじめ、その動きはさらに加速する傾向にある。

とくに、公教育における「道徳」の教科化や、「市民科」のカリキュラムの推進、新科目である「公共」の導入の提言、いじめ防止対策推進法の制定、「親学」や「親力」のすすめ、教育委員会制度の抜本的改革、「教師インターンシップ」の導入など、教育を取り巻く環境は大きく変容してきている。その際、必ずと言ってよいほど、「教育の危機」や「教育問題」がクローズアップされることになる。いじめ、不登校、学級崩壊、体罰、少年非行、教員の不祥事や指導力不足、基礎学力の低下、モンスター・ペアレントなどの現象は、学校や家庭を攻撃する恰好の材料となる。そして、それらは、しばしば戦後の教育システムの欠陥あるいは疲弊として取り上げられ、「改革」という名のもとで、これまでの制度の再編を促す政策が導入されるようになる。義務教育、カリキュラム、教員養成、教育委員会、高等教育などの制度改革において、市場原理的な競争中心の政策が奨励されると同時に、国家による強力な再統制を推進する改革が拡大している。そうしたなかで、学校教育では、既存の政治的・社会的な秩序を維持し、それに適応するための「知識・スキル・コンピテンス」の習得が注目される一方で、「民主主義の学習」や「民主的な主体化」を追究することへの関心は希薄になりがちである。

本書でのビースタの考察は、おもにヨーロッパの教育を対象にしており、その意味で、日本の改革の文脈とは必ずしも同じではないかもしれない。ビースタは、近年のイギリスやヨーロッパの「シティズンシップ教育」を取り上げて、「民主主義」が「実際に危機にある」と批判している。興味深いのは、この「危機」というのが、しばしば政治家たちが声高に叫ぶような、若者の政治的関心の低下や政治参加の欠如にあるのではなく、むしろまったく別のところにあると述べている点である。それは、子どもや若者が「民主主義の経験と実践」に関与する「機会」が制限されていることに見いだされる。したがって、本書が示唆するのは、教育をめぐるさまざまな「危機」や「問題」を、学校の授業や教科にのみ回収するのではなく、「民主主義の学習」にかかわるより広い政治プロセスから再構築することであり、「よきシティズンシップ」についてより多くのレッスンを重ねることではなく、「シティズンシップの実際の条件の向上」に取り組むことであり、特定の地位の達成、維持、所有に関係する「シティズンシップ」の形成ではなく、人びとが絶え間なく行為し従事する「アイデンティフィケーション（同一化）の実践」を探ることであり、個人の知識、スキル、能力、価値、性向、態度、責任の効果的、効率的な習得に傾倒した「シティズンシップ教育」ではなく、そもそも「シティズンシップとはなにか」「正義、公正、平等とはなにか」「なにが市民を構成するのか」「どのような種類の民主主義が必要なのか」という、哲学的、原理的な問いを含んだ「民主主義の学習」を推進することである。シティズンシップ教育は、その結果として、子どもや若者が現行のシティズンシップの条件について限定的で不十分であるという批判的な結論へと導かれることも十分にありうるものとなる。

そこでは、シティズンシップと民主主義の学習は、「国家＝国民」のアイデンティティの涵養や、グローバル経済に照準をあわせた国際競争力の強化といった枠組みで捉えること（＝「社会化」）を超えて、「公共的な対話」から疎遠なところで排除されがちな「無知な市民」が声を発信して参加し、社会や政治を更新し創出する実践過程（＝「主体化」）として考えられることになる。必要なのは、既存の秩序を維持し存続するための「知識・スキル・コンピテンス」の獲得を志向することよりも、そうした秩序からは識別しえない「他なる」存在の仕方の「現れ」をその内に定位して、社会を変容させながら更新する「民主主義の実践」に関与することであり、教育が子どもや若者に「民主的に行動し存在する方法」を促進することによって、困難だが、開かれた「民主主義の実験」に参加する機会を提供することである。「民主主義政治」の本質は、しばしば想定されるような「コンセンサス（一致）」の形成とは異なる「ディセンサス（不一致）」の生成であり、したがって、対立する価値観をめぐる「公共的な対話」を促すことが目指されることになる。ビースタによれば、このような実践こそがシティズンシップ教育の中核におかれるべきだという（ビースタの一連の議論については、中村（新井）清二「闘技的な公共圏を基礎にした民主的集団形成の方法について」『生活指導研究』第三〇号、日本生活指導学会、二〇一三年、一二一—一三一頁で詳しく論じられているので、そちらを参照されたい)。かくして、本書が提起する重要な貢献の一つは、学校、大学、生涯学習、そして社会全般において「学習する民主主義」の理論化にあるとも言えるだろう。

本書は、教育学の領域だけでなく、広く政治理論や政治思想の研究を基盤としている。とりわけ、ビースタのライデン大学大学院時代の指導教授で、デューイの宗教教育思想の専門家であるミーディマの影響を受けて研究に従事したプラグマティズムの哲学を、ベルギー出身のシャンタル・ムフの哲学や、フランスのジャック・ランシエールの民主主義思想、ブルーノ・ラトゥールの科学哲学、ジークムント・バウマンのモダニティ論に接合するかたちで理論構築がおこなわれている。ところで、日本語版のタイトルでは刊行の事情により省略したが、本書の原題である、*Learning Democracy in School and Society*(本書の「プロローグ」も同じタイトルが付けられている)のなかのSchool and Societyという言葉には、ビースタ自身がそう述べるように、特別な意味が込められている。というのも、それは、デューイがシカゴ大学時代に著した代表的な著書のタイトル『学校と社会(*School and Society*)』(一八九九年)に由来するものだからである。学校と社会のなかで「民主主義の学習」を再生しようとする本書は、アメリカ的なプラグマティズムから発展し、またそれとは異なる、ヨーロッパの思想的、政策的な文脈のなかで議論を展開している点で示唆的である。本書はまた、アプローチにおいて、哲学的であると同時に政策的、実践的であり、その意味で、教育研究者、教師、高等教育関係者、生涯学習関係者、政策立案者、政治家、教育学を専攻する大学院生、学部学生の関心にも十分応えてくれるものと確信している。

なお、ルクセンブルク大学には、上野が二〇一三年三月と八、九月、二〇一四年二月に、藤井が二〇一三年九月に滞在した。ビースタとのいくどにもわたる議論から、本当に多くのことを学び示唆を得ることができた。現在のグローバル世界が直面する教育情勢と理論に対する、冷静かつ的確で、ときにユーモアを交えた会話は、何時間にも及び、決して尽きることがなかった。二〇一三年九月に、わたしがルクセンブルク大学の客員研究員として「グローバル時代の日本の学校改革と民主主義（School Reform and Democracy in Japan in the Global Era）」というタイトルで講演をおこない（ルクセンブルク大学教育・社会研究所設立第一回講演会）、今日の日本社会を覆う民主主義と教育のシニシズムについて話した際には、新自由主義的な改革への批判とともに、「学習する民主主義」と「政治的な主体化」の重要性を強調された。ヨーロッパと日本で舞台は異なるものの、「民主主義の学習」を実践することの課題については、多くの点で共有されているように思われた。このような意義深く貴重な対話と交流ができたことに、深く感謝申し上げたい。

最後に、勁草書房の藤尾やしお氏には、刊行を全面的に支援していただき、訳文についての丁寧で的確なコメントをいただいた。心から謝意を申し上げることにしたい。

二〇一四年二月

訳者を代表して　上野　正道

著者略歴

ガート・ビースタ（Gert J. J. Biesta）

1957年、オランダ生まれ。ライデン大学で博士号を取得。同大学講師、ユトレヒト大学上級講師、エクセター大学、スターリング大学、ルクセンブルク大学、ロンドン・ブルネル大学の教授などを経て、現在、メイヌース大学教授、エディンバラ大学教授。ウプサラ大学、オレブロ大学名誉博士。

主著：*Beyond Learning: Democratic Education for a Human Future*（Paradigm Publishers, 2006），*Good Education in an Age of Measurement: Ethics, Politics, Democracy*（Paradigm Publishers, 2010），*Jacques Rancière: Education, Truth, Emancipation*（Bingham, C. & Biesta, G. J. J. with Jacques Rancière, Continuum, 2010），*Civic Learning, Democratic Citizenship and the Public Sphere*（Biesta, G. J. J., De Bie, M. & Wildemeersch, D. eds, Springer, 2013），*The Beautiful Risk of Education Interventions: Education, Philosophy, and Culture*（Paradigm Publishers, 2013），*Making a Difference in Theory: The Theory Question in Education and the Education Question in Theory*（Biesta, G. J. J., Allan, J. & Edwards, R.G. eds, Routledge, 2013）など。

訳者略歴

上野正道（うえの　まさみち）　プロローグ・1・2・4章翻訳、訳者あとがき

1974年生まれ。東京大学大学院教育学研究科博士課程修了。博士（教育学）

現在：上智大学総合人間科学部教授、山東師範大学客員教授、一般社団法人東アジア教育研究所所長。

主著：『学校の公共性と民主主義――デューイの美的経験論へ』（東京大学出版会、2010年）、『学校という対話空間――その過去・現在・未来』（共著、北大路書房、2011年）、『民主主義への教育――学びのシニシズムを超えて』（東京大学出版会、2013年）など。

訳書：R.ラサーン『ドイツ教育思想の源流――教育哲学入門』（共訳、東信堂、2002年）

藤井佳世（ふじい　かよ）　3・5章翻訳、訳者解説

1975年生まれ。東京学芸大学大学院連合学校教育学研究科博士課程修了。博士（教育学）

現在：横浜国立大学教育学部教授

主著：『学校という対話空間――その過去・現在・未来』（共著、北大路書房、2011年）

訳書：P. スローターダイク『方法としての演技――ニーチェの唯物論』（共訳、論創社、2011年）など。

中村（新井）清二（なかむら（あらい）　せいじ）　6・7章・エピローグ翻訳

1977年生まれ。首都大学東京大学院人文科学研究科修士課程修了

現在：大東文化大学文学部准教授

主論文：「民主主義教育の認識論的基礎――ヒラリー・パトナムの「民主主義の認識論的正当化」を手がかりに」（『唯物論研究年誌』17号、2012年）、「闘技的な公共圏を基礎にした民主的集団形成の方法について――シャンタル・ムフの民主主義思想を手がかりに」（『生活指導研究』No.30, 2013年）、「総合学習の「総合性」の原理的問題」（『教育方法学研究』第48巻、2023年 3 月）

人名索引

【マ行】

【ヤ行】

【ラ行】

【ワ行】

事項索引

【タ行】

【ナ行】

【ハ行】

【マ行】

【ヤ行】

【ラ行】

参考文献

Andrews, R. & Mycock, A.(2007). Citizenship education in the UK: Divergence within a multi-national State. *Citizenship Teaching and Learning, 3*(1), 73-88.

Aspin, D. N. & Chapman, J. D.(2001). Lifelong learning: Concepts, theories and values. *Proceedings of the 31st Annual Conference of SCUTREA* (pp. 38-41). University of East London: SCUTREA.

Barnett, R.(1997). *Higher education: A critical business.* Buckingham: SRHE & Open University Press.

Batho, G.(1990). The history of the teaching of civics and citizenship in English schools. *The Curriculum Journal, 1*(1), 91-100.

Bauman, Z.(1999). *In search of politics.* Cambridge: Polity Press. (ジークムント・バウマン『政治の発見』中道寿一訳、日本経済評論社、2002年。)

Bauman, Z.(2000). *Liquid modernity.* Cambridge: Polity Press. (ジークムント・バウマン『リキッド・モダニティ――液状化する社会』森田典正訳、大月書店、2001年。)

Beck, J.(1998). *Morality and citizenship education in England.* London: Cassell.

Benn, R.(2000). The genesis of active citizenship in the learning society. *Studies in the Education of Adults, 32*(2), 241-256.

Biagioli, M.(Ed.)(1999). *The science studies reader.* New York: Routledge.

Biesta, G. J. J.(1992). *John Dewey: Theorie & praktijk.* Delft: Eburon.

Biesta, G. J. J.(1994). Education as practical intersubjectivity: Towards a critical-pragmatic understanding of education. *Educational Theory, 44*(3), 299-317.

Biesta, G. J. J. (2004a). Education, accountability and the ethical demand: Can the democratic potential of accountability be regained? *Educational Theory, 54*(3), 233-250.

Biesta, G. J. J. (2004b). "Mind the gap!" Communication and the educational relation . In C. Bingham & A. M. Sidorkin (Eds.) *No education without relation* (pp. 11-22). New York: Peter Lang.

Biesta, G. J. J. (2004c). The community of those who have nothing in common. education and the language of responsibility. *Interchange, 35*(3), 307-324.

Biesta, G. J. J. (2006). *Beyond learning: Democratic education for a human future*. Boulder, Colorado: Paradigm Publishers.

Biesta, G. J. J. (2009). Sporadic democracy: Education, democracy and the question of inclusion. In M. Katz, S. Verducci & G. Biesta (Eds.) *Education, democracy and the moral life* (pp. 101-112). Dordrecht: Springer.

Biesta, G. J. J. (2010a). *Good education in an age of measurement: Ethics, politics, democracy*. Boulder, Co: Paradigm Publishers.

Biesta, G. J. J. (2010b). How to exist politically and learn from it: Hannah Arendt and the problem of democratic education. *Teachers College Record, 112*(2), 558-577.

Biesta, G. J. J. (2013). Interrupting the politics of learning. *Power and Education, 5*(1), 4-15.

Biesta, G. J. J. & Burbules, N. C. (2003). *Pragmatism and educational research*. Lanham, Maryland: Rowman and Littlefield.

Biesta, G. J. J., Lawy, R. & Kelly N. (2009). Understanding young people's citizenship learning in everyday life: The role of contexts, relationships and dispositions. *Education, Citizenship and Social Justice, 4*(1), 5-24.

Biesta, G. J. J., Stams, G. J. J. M., Dirks, E., Rutten, E. A., Veugelers, W. & Schuengel, C. (2001). Does sport make a difference? An exploration of the impact of sport on the social integration of young people. In J. Steenbergen, P. de Knop & A. H. F. Elling

(Eds.) *Values and norms in sport*(pp. 95–113). Oxford: Meyer & Meyer Sport.

Bingham, C. & Biesta, G. J. J. with Jacques Rancière(2010). *Jacques Rancière: Education, truth, emancipation.* London/New York: Continuum.

Blee, H. & McClosky, A.(2003). perspectives on the provision of education for citizenship in Scotland and France, including a small-scale comparative study on pupil experience in Brittany and Scotland. A paper presented at the European Conference on Educational Research, Hamburg 17–20 September 2003. Retrieved from Education-line, 18/8/2008. http://www. leeds. ac. uk/educol/documents/oooo3495. html

Bloomer, J. M.(1997). *Curriculum making in post-16 education: The social conditions of studentship.* London/New York: Routledge.

Bologna Declaration(1999). *The European Higher Education area.* Joint declaration of the European Ministers of Education Convened in Bologna on the 19th June 1999.

Boshier, R.(1998). Edgard Faure after 25 years: Down but not out. In、J. Holford, P. Jarvis & C. Griffin(Eds.) *International perspectives on lifelong learning*(pp. 3–20). London: Kogan Page.

Boshier, R.(2001). Lifelong learning as bungy jumping: In New Zealand what goes down doesn't always come up. *International Journal of Lifelong Education, 20*(5), 361–377.

Carr, W. & Hartnett, A.(1996) *Education and the Struggle for Democracy,* Buckingham: Open University Press.

Coare, P. & Johnston, R.(Eds.)(2003). *Adult learning, citizenship and community voices: Exploring community-based practice.* Leicester: Niace.

Crick, B.(1998). *Education for citizenship and the teaching of democracy in schools: Final report of the advisory group on citizenship.* London: QCA.(バーナード・クリック『シティズンシップ教育論――政治哲学と市民』関口正司監訳、法政大学出版

局、2011年。)

Crick, B.(2000). The English Citizenship Order: A temperate reply to critics. *The School Field, 11*(3/4), 61-72.

Crick, B.(2007). Citizenship: The political and the democratic. *British Journal of Educational Studies, 55*(3), 235–248.

Dawkins, R.(2006). The God delusion. London: Bantam Press. (リチャード・ドーキンス『神は妄想である——宗教との決別』垂水雄二訳、早川書房、2007年。)

Deakin Crick, R.(2008). Key competencies for education in a European context: Narratives of accountability or care. *European Educational Research Journal, 7*(3), 311-318.

Delanty, G.(2001). *Challenge knowledge: The University in the knowledge society*. Buckingham: Open University Press.

Delanty, G.(2003). Ideologies of the knowledge society and the cultural contradictions of higher education. *Policy Futures in Education, 1*(1), 71-82.

Dewey, J.(1916). Democracy and education. In Jo-Ann Boydston (Ed.), *John Dewey. The middle works(1899-1924), Volume 9*. Carbondale: Southern Illinois University Press.(デューイ『民主主義と教育』松野安男訳、岩波書店、1975年。デューイ『デューイ＝ミード著作集＜9＞民主主義と教育』河村望訳、人間の科学新社、2000年。)

Dewey, J.(1925). Experience and nature. In Jo-Ann Boydston(Ed.), *John Dewey. The later works(1925-1953), Volume 1*. Carbondale: Southern Illinois University Press.(デューイ『デューイ＝ミード著作集＜4＞経験と自然』河村望訳、人間の科学社、1997年。)

Dewey, J.(1929). The quest for certainty. In Jo-Ann Boydston(Ed.), *John Dewey. The later works(1925-1953), Volume 4*. Carbondale: Southern Illinois University Press.(デューイ『デューイ＝ミード著作集＜5＞確実性の探求』河村望訳、人間の科学社、1996年。)

Dewey, J.(1938a). *Experience and education.* New York: Macmillan.（デューイ『デューイ＝ミード著作集＜7＞学校と社会　経験と教育』河村望訳、人間の科学新社、2000年。ジョン・デューイ『経験と教育』市村尚久訳、講談社、2004年。）

Dewey, J.(1938b). Logic: The theory of inquiry. In Jo-Ann Boydston (Ed.), *John Dewey. The later works (1925-1953), Volume 12.* Carbondale: Southern Illinois University Press.（デューイ『行動の論理学――探求の理論』河村望訳、人間の科学新社、2013年。）

Dewey, J.(1939). Experience, knowledge, and value: A rejoinder. In Jo-Ann Boydston (Ed.), *John Dewey. The later works (1925-1953), Volume 14* (pp. 3-90). Carbondale: Southern Illinois University Press.

Dryzek, J. (2000). *Deliberative democracy and beyond: Liberals, critics, contestations.* Oxford: Oxford University Press.

Education Council (2002). *Detailed Work Programme on the Follow-up of the Objectives of Education and Training Systems in Europe.* Brussels, 14 June. Brussels: European Council.

Edwards, R. (1997). *Changing places: Flexibility, lifelong learning, and a learning society.* London / New York: Routledge.

Elsdon, K. (1997). Voluntary organisations and communities: A critique and suggestions in: A. Bron, J. Field & E. Kurantowicz (Eds.) *Adult education and democratic citizenship II.* Krakow: Impuls.

Elster, J. (Ed.) (1998). Deliberative democracy. Cambridge: Cambridge University Press.

EUA (2002). *Universities as the motor for the construction of a Europe of knowledge.* (Input to the Barcelona summit). Brussels: European University Association.

EUA (2003). *Response to the communication of the Commission 'The role of the Universities in the Europe of knowledge.'* Brussels: European University Association.

EUA (2005). *Strong universities for a strong Europe.* Brussels:

European University Association.

European Commission (January 2000). *Towards a European research area*. COM (2000) 6, Brussels.

European Commission (November 2001). *Making a European area of lifelong learning a reality*. COM (2001), 678, Brussels.

European Commission (February 2003). *The role of the universities in the Europe of knowledge*. COM (2003) 58, Brussels.

European Commission (2005). *On the social agenda*. COM (2005) 33, Brussels.

European Commission (2006). *Delivering on the modernization agenda for universities: Education, research and innovation*. COM (2006) 208, Brussels.

European Commission (June 2008). *Eurobarometer 69. Public Opinion in the European Union. First Results.*

European Council (2006). *Recommendations of the European Parliament and the Council of 18 December 2006 on key competencies for lifelong learning*. Brussels: Official Journal of the European Union.

Faulks, K. (1998). *Citizenship in modern Britain*. Edinburgh: Edinburgh University Press.

Faure, E. *et al.* (1972). *Learning to be. The world of education today and tomorrow*. Paris: UNESCO. (ユネスコ教育開発国際委員会編『未来の学習』国立教育研究所内フォール報告書検討委員会(平塚益徳代表)訳、第一法規出版、1975年。)

Fejes, A. (2004). New wine in old skins. Changing patterns in the governing of the adult learner in Sweden. *International Journal of Lifelong Education, 24* (1), 71-86.

Fernández, O. (2005). Towards European citizenship through higher education? *European Educational Research Journal*, 40 (1), 59-68.

Field, J. (2000). *Lifelong Learning and the new educational order*. Stoke-on-Trent: Trentham.

Fieldhouse, R. (1996). *A history of modern British adult education.* Leicester: NIACE.

France, A. (1998). 'Why should we care?' Young people, citizenship and questions of social responsibility. *Journal of Youth Studies, 1*(1), 97-111.

Fredriksson, U. (2003). Changes of education policies within the European Union in the light of globalisation. *European Educational Research Journal, 2*(4), 522-545.

Frenkel, S. *et al.* (1999). *On the front line: Organization of work in the information economy.* Ithaca/London: ILR Press.

Fuller, S. (2003). Can Universities solve the problem of knowledge in society without succumbing to the knowledge society? *Policy Futures in Education, 1*(1), 106-124.

Garratt, D. (2000). Democratic citizenship in the curriculum: Some problems and possibilities. *Pedagogy, Culture and Society, 8*(3), 323-346.

Gellner, E. (1992). *Postmodernism, reason and religion.* London/New York: Routledge.

Gieryn, Th. F. (1983). Boundary-work and the demarcation of science from non-science: Strains and interests in professional ideologies of scientists. *American Sociological Review, 48* (December), 781-795.

Gilmour, I. (1992). *Dancing with dogma: Britain under Thatcherism.* London: Simon & Schuster.

Giroux, H. A. (2003). Selling out Higher Education. *Policy Futures in Education, 1*(1), 179-200.

Goodson, I. F., Biesta, G. J. J., Tedder, M. & Adair, N. (2010). *Narrative learning.* London / New York: Routledge.

Grace, A. P. (2004). Lifelong learning as a chameleonic concept and versatile practice: Y2K perspectives and trends. *International Journal of Lifelong Education, 23*(4), 385-405.

Hall, T., Williamson, H. & Coffey, A. (2000). Young people, citizenship

and the Third Way: A role for the youth service? *Journal of Youth Studies, 3*(4), 461-472.

Haverhals, B. (2007). The normative foundations of research-based education: Philosophical notes on the transformation of the modern University idea. *Studies in Philosophy and Education, 26*(5), 419-432.

Heller, Á. & Fehér, F. (1989). *The postmodern political condition.* New York: Columbia University Press.

HMIE (2003). *How good is our school? Education for citizenship.* Edinburgh: HMIE.

HMIE (2006a). *Education for citizenship: A portrait of current practice in Scottish schools and pre-school centres.* Edinburgh: HMIE.

HMIE (2006b). *Citizenship in Scotland's colleges. A report by HM Inspectorate of Education for the Scottish Further and Higher Education Funding Council.* Edinburgh: HMIE.

Holford, J. (2008). Hard measures for soft stuff: Citizenship indicators and educational policy under the Lisbon Strategy, *European Educational Research Journal, 7*(3), 331-343.

Holtgrewe, U. Kerst, Ch. & Shire, K. A. (Eds.) (2002). *Re-organizing service work: Call centres in Germany and Britain.* Aldershot: Ashgate.

Honig, B. (1993). *Political theory and the displacement of politics.* Ithaca, New York: Cornell University Press.

Horkheimer, M. (1947). *Eclipse of reason.* New York: Oxford University Press.（マックス・ホルクハイマー『理性の腐蝕』山口祐弘訳、せりか書房、1987年。）

Hoskins, B. (2006). *A framework for the creation of indicators on active citizenship and education and training for active citizenship.* Ispra, Joint Research Centre.

Hoskins, B. (2008). The discourse of social justice within European education policy: The example of key competencies and

indicator development towards assuring the continuation of democracy, *European Educational Research Journal, 7*(3), 319-330.

Hoskins, B., D'Hombres, B. & Campbell, J. (2008). Does formal education have an impact on active citizenship behaviour? *European Educational Research Journal, 7*(3), 386-402.

Hoskins, B., Jesinghaus, J., Mascherini, M. *et al.* (2006). *Measuring active citizenship in Europe.* Ispra: European Commission Institute for the Protection and Security of the Citizen.

Hoskins, B. & Mascherini, M. (2009). Measuring active citizenship through the development of a composite indicator. *Journal of Social Indicators, 90*(3), 459-488.

Hoskins, B., Villalba, E., Van Nijlen, D. & Barber, C. (2008). *Measuring civic competence in Europe: A composite indicator based on IEA Civic Education Study 1999 for 14 years old in School.* JRC Scientific and Technical Reports 23210 EN. http://ec. europa. eu/public_opinion/archives/eb/eb69/eb_69_first_en. pdf

Hutchins, R. M.(1936). *The higher learning in America.* New Haven, Connecticut: Yale University Press.

Jarvis, P. (2000). 'Imprisoned in he global classroom' - revisited: Towards an ethical analysis of lifelong learning. *Proceedings of the first International Lifelong Learning Conference*(pp. 20-27). Rockhampton, Autralia: Rockhampton University.

Katz, M., Verducci, S. & Biesta, G. (Eds.) (2009). *Education, democracy and the moral life.* Dordrecht/Boston: Springer Science + Business Media.

Kerr, D.(1999). Re-examining citizenship education in England, In J. Torney-Purta, J. Schwille and J.-A. Amadeo (Eds.), *Civic education across countries: twenty- four case studies from the civic education project.* Amsterdam: IEA.

Kerr, D. (2000). Citizenship in the National Curriculum (England):

Issues and challenges. *The School Field, 11*(3/4), 73-90.

Larsson, S.(2001). Study circles as democratic utopia: A Swedish perspective, In A. Bron & M. Schemmann(Eds.) *Civil society, citizenship and learning*. Bochum: BSIAE.

Latour, B.(1983). Give me a laboratory and I will raise the world. In K. D. Knorr & M. Mulkay(Eds.) *Science observed*(pp. 141-170). London: Sage.

Latour, B.(1987). *Science in action*. Milton Keynes: Open University Press.(ブルーノ・ラトゥール『科学が作られているとき――人類学的考察』川崎勝・高田紀代志訳、産業図書、1999年。)

Latour, B.(1988). *The pasteurization of France*. Cambridge, Massachusetts: Harvard University Press.

Lawy, R. S. & Biesta, G. J. J.(2006). Citizenship-as-practice: The educational implications of an inclusive and relational understanding of citizenship. *British Journal of Educational Studies, 54*(1), 34-50.

Lindeman, E.(1926). *The meaning of adult education*. New York: New Republic.

Lisbon European Council(2000). *Presidency conclusions*(Lisbon, 23-24 March 2000).

London Communiqué(2007). *Towards the European Higher Education area*. London, 18 May 2007.

LTS(Learning and Teaching Scotland)(2000). *Education for citizenship: A paper for discussion and consultation*. Dundee: Learning and Teaching Scotland.

Mann, J.(1987). Ruling class strategies and citizenship *Sociology, 21*(3), 339-354.

Mannion, G.(2003). Children's participation in school grounds developments: Creating a place for education that promotes children's social inclusion. *International Journal of Inclusive Education, 7*(2), 175-192.

Marquand, D.(2004). *Decline of the public: The hollowing-out of*

citizenship. Cambridge: Policy Press.
Marshall, T. H.(1950). *Citizenship and social class and other essays*. Cambridge: Cambridge University Press.(T・H・マーシャル、トム・ボットモア『シティズンシップと社会的階級——近現代を総括するマニフェスト』岩崎信彦・中村健吾訳、法律文化社、1993年。)
Marshall, T. H.(1981). *The right to welfare and other essays*. London: Heinemann.(T・H・マーシャル『福祉国家・福祉社会の基礎理論——「福祉に対する権利」他論集』岡田藤太郎訳、相川書房、1989年。)
Martin, I.(2002). Adult education, lifelong learning and citizenship: Some ifs and buts. *International Journal of Lifelong Education, 22*(6), 566-579.
Martin, J. & Vincent, C.(1999). Parental voice: An exploration. *International Studies in Sociology of Education, 9*(3), 231-252.
McLaughlin, T. H.(2000). Citizenship education in England: The Crick report and beyond. *Journal of Philosophy of Education, 34*(4), 541-570.
Merrifield, J.(1997). Finding our lodestone again: Democracy, the civil society and adult education. In P. Armstrong, N. Miller & M. Zukas (Eds.) *Crossing borders, breaking boundaries*. London: University of London.
Mills, C. W.(1959). *The sociological imagination*. Oxford: Oxford University Press.(ミルズ『社会学的想像力』鈴木広訳、紀伊國屋書店、1995年。)
Mouffe, C.(1993). *The return of the political*. London/New York: Verso.(シャンタル・ムフ『政治的なるものの再興』千葉眞・土井美徳・田中智彦・山田竜作訳、日本経済評論社、1998年。)
Mouffe, C.(2000a). *Deliberative democracy and agonistic pluralism. Political Science Series 72*. Vienna: Institute for Advanced Studies.
Mouffe, C.(2000b). *The democratic paradox*. London / New York:

Verso.

Mouffe, C. (2005). *On the political.* London / New York: Routledge.（シャンタル・ムフ『政治的なものについて——闘技的民主主義と多元主義的グローバル秩序の構築』酒井隆史監訳・篠原雅武訳、明石書店、2008年。）

OECD (1997). *Lifelong learning for all.* Paris: OECD.

Oelkers, J. (2005). Pragmatismus und Pädagogik: Zur Geschichte der Demokratischen Erziehungstheorie. In F. Busch & H.-J. Wätjen (Eds.) *Erziehen – Lehren – Lernen. Zu Kontinuitäten, Brüchen und Neuorientierungen im Pädagogischen Denken* (pp. 7–50). Oldenburg: Oldenburger Universitätsreden.

Oliver, J. E. (1999). The effects of metropolitan economic segregation on local civic participation. *American Journal of Political Science, 43* (1), 186–212.

Oliver, J. E. (2000). City size and civic involvement in metropolitan America. *American Political Science Review, 94* (2), 361–373.

Olssen, M. (1996). In defense of the welfare state and publicly provided education. *Journal of Education Policy, 11* (3), 337–362.

Osler, A. & Starkey, H. (2006). Education for democratic citizenship: A review of research, policy and practice 1995–2005. *Research Papers in Education, 21* (4), 433–466.

Pas, van der, N. (2001). Address by the European Commission. In *Adult lifelong learning in a Europe of Knowledge. Conference Report* (pp. 11–18). Sweden: Eskilstuna.

Pattie, C., Seyd, P. & Whiteley, P. (2004). *Citizenship in Britain. Values, participation and democracy.* Cambridge: Cambridge University Press.

Rancière, J. (1995a). *On the shores of politics.* London / New York: Verso.

Rancière, J. (1995b). Politics, identification, and subjectivization. In John Rajchman (Ed.) *The identity in question* (pp. 63–70). New York/London: Routledge.

Rancière, J. (1999). *Dis-agreement: Politics and philosophy.* Minneapolis, Minnesota: University of Minnesota Press.（ジャック・ランシエール『不和あるいは了解なき了解――政治の哲学は可能か』松葉祥一・大森秀臣・藤江成夫訳、インスクリプト、2005年。）

Rancière, J. (2003). *The philosopher and his poor.* Durham, North Carolina: Duke University Press.

Ranson, S. (Ed.) (1998). *Inside the learning society.* London: Cassell Education.

Rawls, J. (1996). *Political liberalism.* New York: Columbia University Press.

Roche, M. (1992). *Rethinking citizenship.* Cambridge: Polity Press.

Ross, H. & Munn, P. (2008). Representing self-in-society: Education for citizenship and the social-subjects curriculum in Scotland. *Journal of Curriculum Studies, 40*(2), 251-275.

Rowland, S. (2003). Teaching for democracy in higher education. *Teaching in Higher Education, 8*(1), 89-101.

Ruitenberg, C. (2009). Educating political adversaries. *Studies in Philosophy and Education, 28*(3), 269-281.

Ruitenberg, C. (2010). Queer politics in schools: A Rancièrean reading. *Educational Philosophy and Theory, 42*(5), 618-634.

Rychen, D. S. (2004). Key competencies for all: An overarching conceptual frame of reference. In D. S. Rychen & A. Tiana (Eds.) *Developing key competencies in education.* Geneva: UNESCO.

Sardar, Z. (2000). *Thomas Kuhn and the sciences wars.* London: Icon Books.

Schuller, T. (2001). The need for lifelong learning. In B. Crick (Ed.) *Citizens: Towards a citizenship culture.* Oxford: Blackwell Publishers.

Schuller, T. *et al.* (2004). *The benefits of learning: The impact of education on health, family life and social capital.* London:

RoutledgeFalmer.
SE (Scottish Executive) (2004). *A Curriculum for Excellence.* Edinburgh: Scottish Executive.
Simons, M. (2006). 'Education through research' at European Universities: Notes on the orientation of academic research. *Journal of Philosophy of Education, 40*(1), 31-50.
Simons, M., Haverhals, B. & Biesta, G. (2007). Introduction: The University revisited. *Studies in Philosophy and Education, 26* (5), 395-405.
Sleeper, R. W. (1986). *The necessity of pragmatism.* New Haven, Connecticut: Yale University Press.
Trow, M. (1973). *Problems in the transition from elite to mass Higher Education.* Berkeley, California: Carnegie Commission on Higher Education.
Vanderstraeten, R. & Biesta, G. J. J. (2001). How is education possible? *Educational Philosophy and Theory, 33*(1), 7-21.
Veen, R. van der, Wildemeersch, D., Youngblood, J. & Marsick, V. (Eds.) (2007). *Democratic practices as learning opportunities.* Rotterdam/Boston/Taipei: Sense Publishers.
Weerd, M. de, Gemmeke, M., Rigter, J. A. E. & Rij, C. van (2005). *Indicators and options for monitoring active citizenship and citizenship education. Executive Summary.* Amsterdam: Regioplan.
Westheimer, J. & Kahne, J. (2004). What kind of citizen? The politics of educating for democracy. *American Educational Research Journal, 41*(2), 237-269.
White, C., Bruce, S. & Ritchie, J. (2000). *Young people's politics: Political interest and engagement amongst 14- to 24-year olds.* York: YPS.
Wildermeersch, D., Stroobants, V. & Bron, M. (Eds.) (2005). *Active citizenship and multiple identities in Europe: A learning outlook.* Frankfurt am Main: Peter Lang.

Yeaxlee, B. A.(1929). *Lifelong education.* London: Cassell.
Young, I. M. (2000). *Inclusion and democracy.* Oxford: Oxford University Press.
Zgaga, P.(2007). Higher Education in transition. Reconsiderations on Higher Education in Europe at the turn of the millenium. Monografier. *Tidskrift för lärarutbildning och forskning.* Umeå: The Faculty Board for Teacher Education.

ガート・ビースタ著書一覧

Biesta, G. J. J., Allan, J. & Edwards, R. G. (Eds.) (2013). *Making a difference in theory: The theory question in education and the education question in theory.* London / New York: Routledge.

Biesta, G. J. J. (2013). *The beautiful risk of education.* Boulder, Co: Paradigm Publishers.

Biesta, G. J. J. (2013). *Demokratilæring i skole og samfund.* [Learning democracy in school and society. Danish translation.] Arhus: Forlaget Klim.

Biesta, G. J. J., De Bie, M. & Wildemeersch, D. (Eds.) (2013). *Civic learning, democratic citizenship and the public sphere.* Dordrecht / Boston: Springer.

Priestley, M. & Biesta, G. J. J. (Eds.) (2013). *Reinventing the curriculum. New trends in curriculum policy and practice.* London: Bloomsbury.

Biesta, G. J. J. (Ed.) (2012). *Making sense of education: Fifteen contemporary educational theorists in their own words.* Dordrecht/Heidelberg/New York: Springer.

Biesta, G. J. J. (2012). *Goed onderwijs en de cultuur van het meten.* The Hague: Boom/Lemma.

Biesta, G. J. J. (2011). *God uddannelse i målingens tidsalder.* Arhus: Forlaget Klim.

Biesta, G. J. J. (2011). *Learning democracy in school and society: Education, lifelong learning and the politics of citizenship.* Rotterdam: Sense Publishers.

Biesta, G. J. J. (Ed.) (2011). *Philosophy of education 2010.* Urbana-Champaign, IL: Philosophy of Education Society.

Biesta, G. J. J., Field, J., Hodkinson, P., Macleod, F. J. & Goodson, I.

F. (2011). *Improving learning through the lifecourse: Learning lives*. London/New York: Routledge.
Biesta, G. J. J. (2011). *God utbildning i mätningens tidevarv*. Stockholm: Liber.
Bingham, C. & Biesta, G. J. J. with Jacques Rancière (2010). *Jacques Rancière: Education, truth, emancipation*. London/New York: Continuum. (Winner of the AERA Division B Outstanding Book Award)
Biesta, G. J. J. (2010). *Good education in an age of measurement: Ethics, politics, democracy*. Boulder, Co: Paradigm Publishers.
Osberg, D. C. & Biesta, G. J. J. (Eds.) (2010). *Complexity theory and the politics of education*. Rotterdam: Sense Publishers.
Goodson, I., Biesta, G. J. J., Tedder, M. & Adair, N. (2010). *Narrative learning*. London/New York: Routledge.
Ecclestone, K., Biesta, G. J. J. & Hughes, M. (Eds.) (2010). *Transitions and learning through the lifecourse*. London: Routledge.
Peters, M. A. & Biesta, G. J. J. (2009). *Derrida, Deconstruction and the politics of pedagogy*. New York: Peter Lang.
Biesta, G. J. J. (2009). *Læring retur*. Copenhagen: Unge Pædagoger.
Edwards, R., Biesta, G. & Thorpe, M. (Eds.) (2009). *Rethinking contexts for teaching and learning. Communities, activities and networks*. London/New York: Routledge.
Katz, M., Verducci, S. & Biesta, G. (Eds.) (2009). *Education, democracy and the moral life*. Dordrecht/Boston: Springer Science + Business Media.
Mead, G. H. (2008). *The philosophy of education*. Edited and introduced by Gert Biesta and Daniel Tröhler. Boulder, Co./London: Paradigm Publishers.
Mead, G. H. (2008). *Philosophie der Erziehung*. Herasugegeben und eingeleitet von Daniel Tröhler und Gert Biesta. Bad Heilbrunn: Verlag Julius Klinkhardt.
James, D. & Biesta, G. J. J. (2007). *Improving learning cultures in*

Further Education. London: Routledge.

Biesta, G. J. J. (2006). *Beyond learning. Democratic education for a human future*. Boulder, Co.: Paradigm Publishers. (Winner of the 2008 American Educational Studies Association Critics' Choice Book Award.)

Biesta, G. J. J. (2006). *Bortom lärandet: Demokratisk utbildning för en mänsklig framtid*. Lund: Studentlitteratur.

Biesta, G. J. J. & Burbules, N. (2003). *Pragmatism and educational research*. Lanham, MD: Rowman and Littlefield.

Biesta, G. J. J., Korthagen, F. A. J. & Verkuyl, H. S. (Eds.) (2002). *Pedagogisch bekeken. De rol van pedagogische idealen in de onderwijspraktijk. [From a pedagogical point of view. The role of educational ideals in teaching.]* Baarn: Nelissen.

Biesta, G. J. J. & Egéa-Kuehne, D. (Eds.) (2001). *Derrida & Education*. London/New York: Routledge.

Dewey, J. (1999). *Ervaring en Opvoeding. [Experience and Education.]* Vertaald en ingeleid door G. J. J. Biesta & S. Miedema. Houten/Diegem: Bohn, Stafleu & Van Loghum.

Levering, B., Biesta, G. J. J. & Weijers, I. (Eds.) (1998). *Thema's uit de wijsgerige en historische pedagogiek. [Essays in philosophy and history of education.]* Utrecht: SWP.

Miedema, S., Biesta, G., Boog, B., Smaling, A., Wardekker, W. & Levering, B. (Eds.) (1994). *The Politics of Human Science*. Brussel: VUBPress.

Biesta, G. J. J. (1992). John Dewey. *Theorie & Praktijk. [John Dewey - Theory & Practice]* Delft: Eburon.

民主主義を学習する
教育・生涯学習・シティズンシップ

2014年2月25日　第1版第1刷発行
2024年10月10日　第1版第5刷発行

著　者　ガート・ビースタ

訳　者　上　野　正　道
藤　井　佳　世
中村（新井）清二

発行者　井　村　寿　人

発行所　株式会社　勁《けい》　草《そう》　書　房

112-0005　東京都文京区水道2-1-1　振替　00150-2-175253
電話（編集）03-3815-5277／FAX　03-3814-6968
電話（営業）03-3814-6861／FAX　03-3814-6854
港北メディアサービス・松岳社

ISBN978-4-326-29904-1　　Printed in Japan

＊落丁本・乱丁本はお取替いたします。
ご感想・お問い合わせは小社ホームページから
お願いいたします。
https://www.keisoshobo.co.jp